"中国劳模"系列丛书

守护法律温度的劳模律师

覃柳芳

马鹏◎著

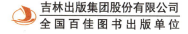
吉林出版集团股份有限公司
全国百佳图书出版单位

图书在版编目（ＣＩＰ）数据

守护法律温度的劳模律师：覃柳芳 / 马鹏著. --
长春：吉林出版集团股份有限公司，2024.3
（"中国劳模"系列丛书 / 徐强主编）
ISBN 978-7-5731-4494-2

Ⅰ.①守… Ⅱ.①马… Ⅲ.①覃柳芳 - 传记 Ⅳ.
①K825.19

中国国家版本馆CIP数据核字（2024）第012208号

SHOUHU FALÜ WENDU DE LAOMO LÜSHI：QIN LIUFANG

守护法律温度的劳模律师：覃柳芳

出 版 人　于　强
主　　编　徐　强
著　　者　马　鹏
组稿统筹　东北师范大学文学院创意写作研究中心
责任编辑　石榆淼
装帧设计　刘美丽

出　　版　吉林出版集团股份有限公司
发　　行　吉林出版集团社科图书有限公司
地　　址　吉林省长春市南关区福祉大路5788号　邮编：130118
印　　刷　唐山富达印务有限公司
电　　话　0431-81629711（总编办）
抖 音 号　吉林出版集团社科图书有限公司　37009026326

开　　本　710 mm×1000 mm　1 / 16
印　　张　8
字　　数　85 千字
版　　次　2024 年 3 月第 1 版
印　　次　2024 年 3 月第 1 次印刷

书　　号　ISBN 978-7-5731-4494-2
定　　价　40.00 元

序 言

　　劳动创造财富，劳动创造幸福，劳动创造未来。习近平总书记在2020年全国劳动模范和先进工作者表彰大会上的讲话中指出："全社会要崇尚劳动、见贤思齐，加大对劳动模范和先进工作者的宣传力度，讲好劳模故事、讲好劳动故事、讲好工匠故事，弘扬劳动最光荣、劳动最崇高、劳动最伟大、劳动最美丽的社会风尚。"当今世界，综合国力的竞争归根到底是科技人才和高素质劳动者的竞争。改革开放以来，我们强大的工人队伍用辛勤的劳动和拼搏奉献的精神推动中国制造、中国智造、中国创造走向世界的前列，新时代的中国面貌日新月异。大力弘扬劳模精神、劳动精神、工匠精神，加强高素质技能人才队伍建设，打造一支宏大的知识型、技能型、创新型劳动者队伍，是伟大时代赋予我们的历史责任。

　　劳动模范是民族的精英、人民的楷模，是共和国的功臣。自改革开放以来，广大职工勇立改革潮头，独立自主，奋发图强，勇于创新，其中涌现出一批批全国劳模和大国工匠。他们参与建设了代表中国高度、中国速度、中国深度的一系列重大工程，提升了国家实力，打造了"中国名片"，树立了"中国品牌"，增添了"中国力量"，充分释放出工人阶级的创新活力，展示出大国工匠的强大创造力。他们以工人阶级的满腔热忱在各自平凡的工作岗位上取得了辉煌的成绩，书写了新时代的壮丽篇章。

爱岗敬业、争创一流、艰苦奋斗、勇于创新、淡泊名利、甘于奉献的劳模精神，崇尚劳动、热爱劳动、辛勤劳动、诚实劳动的劳动精神和执着专注、精益求精、一丝不苟、追求卓越的工匠精神，是广大劳动群众在社会生产实践中锤炼形成的弥足珍贵的精神财富，是工人阶级伟大品格的具体体现，是民族精神和时代精神的生动诠释。民族复兴需要劳动模范，祖国强盛需要大国工匠，中国制造、中国智造、中国创造更需要大国工匠的强有力支撑。劳模、工匠等的成长故事、先进事迹中承载的劳模精神、劳动精神和工匠精神，是激励全国各族人民团结奋斗、勇往直前的强大精神力量。

"中国劳模"系列丛书，采用图文结合的方式，讲述全国劳模、大国工匠和先进工作者们的成长经历及他们追梦、筑梦、圆梦的故事，用他们在平凡岗位上创造不平凡业绩的真实故事感染读者，推动形成劳动最光荣、劳动最崇高、劳动最伟大、劳动最美丽的社会风尚，引导广大技术工人和青少年形成劳动光荣、技能宝贵、创造伟大的观念。

"匠心筑梦，强国有我。"新时代是一个万象更新、生机勃勃的时代，也是一个继往开来、创新创业和建功立业的大时代。希望广大读者能以劳动模范为榜样，以大国工匠为楷模，立志技能报国、技术强国，踔厉奋发，勇毅前行，锤炼思想品格，汲取劳动智慧，勇于担当、勤于钻研、甘于奉献，为推进新型工业化和乡村振兴，为加快建设制造强国、质量强国、航天强国、交通强国、网络强国、数字中国、农业强国，全面建设社会主义现代化国家贡献青春力量。

中华全国总工会副主席（兼）

中国航天科技集团有限公司第一研究院

211厂14车间高凤林班组组长

2022年11月

传主简介

　　覃柳芳，女，中共党员，硕士研究生学历，1973年5月17日出生于柳州市一个双职工家庭。1992年7月考入广西大学法律系，1995年7月毕业，就职于柳州市基层人民法院，成为一名书记员。1999年，考取律师资格证，入职广西正泰和律师事务所。现为广西正泰和律师事务所合伙人、副主任律师，至今执业23年。执业期间先后担任柳州市政府法律顾问，柳州市第十四届人民代表大会常务委员会立法专家顾问，柳州律师行业党委委员，第五、六届柳州市律师协会副会长，第十届广西壮族自治区律师协会副会长，第九、十届中华全国律师协会理事，柳州仲裁委员会仲裁员，柳州市破产管理人协会秘书长、副会长，柳州市不良资产处置协会会长，柳州市第十三届政协委员。

　　覃柳芳多次被评为广西壮族自治区优秀律师、柳州市

优秀律师、柳州市优秀共产党员。2009年，被授予广西五一劳动奖章，获广西维护妇女儿童权益先进个人称号；2011年，获全国维护职工权益杰出律师称号和全国五一劳动奖章；2019年4月，获评广西壮族自治区律师行业优秀党员律师；2019年7月，获评全国律师行业优秀党员律师。

目　录

第一章　无忧无虑的童年时光

知识渊博的父亲

　　1973年，驻柳部队"支左"人员从柳州市各级革委会撤出。已离职或外出的职工、学生和机关干部（包括领导干部）重新回到熟悉的单位，社会生产逐步恢复，人们开始憧憬美好的未来。正是这一年的5月17日，覃柳芳出生了。一年后，柳州市各中小学实行"开门办学"，大办农村分校和农场，师生分期分批到农村分校参加劳动。

　　覃柳芳比大多数人幸运的是，她出生在一个双职工家庭，父母都是企业职工，这意味着覃柳芳的生活比大多数孩子更富裕。她本可以无忧无虑享受安稳的生活，吃喝不愁，长大后找一个门当户对的人嫁了，婚后在家相夫教子。可她偏偏不愿意走这样的道路，她深受父亲影响，要走她自己喜欢的道路，或许这才是她人生的意义所在：不按部就班，只按照自己的意愿去生活。

　　覃柳芳的父亲是高中毕业生，那个年代也算是"高学历"了。起初他家里经济条件尚好，后来由于家庭出现变故，使得他没能读大学，但这也没有影响他的学习热情，他反而更加努力了。父亲工作上兢兢业业，工作之余珍惜时间阅读。

　　覃柳芳的父亲出生在农村，爷爷早逝。父亲有三兄弟和一个妹妹，在家中排行老二，但大哥长年在外地工作，因此，父亲虽是老二，却一直扮演长兄角色。父亲很争气，学习一直很好。从学校毕业后，他有了稳定工作，便把弟弟妹妹从农村带到柳州市，帮助他们完成学业，顺利参加工作，并在柳州市成家。父亲一直像长辈一样默默地、任劳任怨地守护、帮助自己的弟弟妹妹，使得弟弟妹妹们在柳州市站稳脚跟，有了各自的美满生活。

覃柳芳小时候最喜欢周末，一到周末，父亲会带她到离家不远处的柳江边玩耍。她站在江边，时不时听见头顶上有一两声鸟叫，抬头看时，已看不到任何痕迹。覃柳芳喜欢看这片蓝蓝的天空，父亲看见女儿对这些大自然现象感兴趣，觉得这是教育契机。父亲会指着天上的白云说，这是羽毛状的卷云，还有毛发状卷云和钩状卷云，这种类型的云属于高云族，一般在6000米以上；而低云族的云在2500米以下，由水滴组成，会产生降水。覃柳芳也喜欢爬在草地上看一些昆虫和花草，这个时候，父亲便会走过来，告诉她这些昆虫和花草的名字，有什么特点，等等。父亲那渊博的学识不断输出，覃柳芳听得如痴如醉，她感觉这个世界有很多奇妙的东西值得她去探索。

覃柳芳在心里为自己有一个这样的父亲而骄傲。对她来说，父亲上知天文、下知地理。她享受和父亲一起闲聊的时光，无论是聊远古史还是近代史，父亲都能如数家珍。父亲就像电视里的说书人一样，能将每个时代的历史都说得很有趣。有时候正听得起劲呢，父亲突然被一些事情打断，停顿下来，她便会缠着追问后来发生的事情，直到父亲讲完，覃柳芳才会心满意足地离开。覃柳芳暗暗下定决心，要学习很多知识，将来要成为父亲那样的人。

勤劳好学的母亲

覃柳芳的母亲出生在农村，家庭贫困，所以她没读过什么书。母亲这辈子觉得遗憾的事，便是没有上过学，因而总是吃没文化的亏。母亲经常对覃柳芳说："那时候，我跟你一样年纪，很想读书，但是家里还有弟弟妹妹，我没有上完小学就辍学回家帮忙干活儿了。有时候我实在想读书了，就自己早早起来，跑到村里学校去，听着那里的读书声，感觉特别好听。"

母亲每每讲到这里，在一旁的父亲便安慰她："这有什么可遗憾的，以前家里条件有限，没有书读是可以理解的。但是，现在生活好起来了，想读书可以去书店买书来读，生活中处处都能学习知识。"在父亲的带动下，母亲也喜欢上看书了。每次下班回来，做完家务，母亲便一直守在台灯下看书。覃柳芳睡了，母亲都还没有睡。有时候，覃柳芳从梦中醒来，都能看见台灯亮着，母亲还坐在台灯下看书呢。偶尔，覃柳芳会听见轻轻的说话声从书房传来，原来是母亲和父亲在讨论问题。

母亲对覃柳芳说："现在家里经济条件好了，物质生活丰富了，精神上也要丰富起来，这样我才能跟着你父亲的脚步不落后。我在你父亲鼓励下，经常到书店找书来看，我有看不懂的地方就向你父亲请教。经过这几年学习，我认识了好多字，收获了很多新知识，真正体会到了读书带来的乐趣。我每天下班回来，把家里的活儿都做完了，剩下的时间就是我的读书时间了。我也享受这样的时间，它丰富了我的生活。"

母亲这般认真的态度，日复一日看书学习提升自己的文化水平，那些努力的夜晚和留给覃柳芳的背影，能够穿过厚实的墙壁印在覃柳芳心上，她发誓要像母亲一样刻苦学习。母亲虽没念过书，文化水平不高，但是她一直靠自学来努力提高自己的知识文化水平，那种积极进取的精神，一直深深地影响着覃柳芳。

当然，母亲对覃柳芳的影响，不仅体现在学习上，也体现在生活上。

覃柳芳的母亲无论在洗衣做饭方面，还是缝制衣服方面都是一把好手。母亲在外婆家是长女，与两个弟弟感情深厚，一直以长姐的身份照顾两个弟弟，关心他们读书、工作和成家。母亲尤其孝顺，覃柳芳记得外婆70岁的时候不慎摔坏股骨，因为年纪大不能做手术，只能采取保守方式治疗，需在家卧床治疗三个月。在这三个月时间里，母亲每天从医院取回医生开好的药，拿到家里给外婆敷药或换药。每天从医院跑到家里，再从家里跑到医院，母亲从没有喊过一声累。外婆也在母亲悉心照料下，恢复得非常好。在母亲的精心护理下，外婆直到88岁去世时，她的股骨都没再出现任何问题。

⊙ 覃柳芳3岁时的照片

三个理想

逢年过节，父母会带覃柳芳到农村老家生活一段时间。在这期间，覃柳芳看到很多跟她一样大的女孩子没有书读，整天跟着父母到山上放牛，农忙的时候就跟着父母下地干活儿。她们内心是多么渴望读书，但家里孩子多，需要人照顾，这些活儿便都落在她们肩膀上，她们用自己小小的肩膀扛起一整个家庭。那个年代，农村女孩子能到学校读书的机会很少，读到上大学的机会更少。但覃柳芳父亲与别的家长不同，他认为无论男女都要上学学习知识，将来才能为社会做贡献。

1980年9月，覃柳芳进入小学就读一年级，开启了她的读书生涯。刚开始上学的覃柳芳成绩平平，不算拔尖。父亲总是鼓励她："尽力了就好，能学多少就学多少，就算现在学不会，长大就学会了。心急吃不了热豆腐，何况是学习呢？要一步一步来，父亲永远支持你。"

不愧是父母身上掉下的一块儿肉，覃柳芳心里所想的，总能一下子被父母看穿。她多么感激命运让她生在这么一个开明的家庭，拥有自己想要的生活。也正是在这样的氛围下，覃柳芳快速成长起来。宽松的家庭教养氛围，让她比别的孩子多了一份自信。有一次不知怎么回事，覃柳芳的成绩突然下降得很厉害，期末考试考得不好，试卷做得一塌糊涂，她很难过，不敢给父母看，悄悄藏了起来。直到父母发现端倪，她才乖乖拿出来。父亲却没有责备她，而是安慰她说："不会做的题目是因为上课没有专心听讲，没有认真学习，不懂的地方就要多问老师、多问同学，自己也要多思考。做题的时候慢慢来，不要着急，按步骤来解答，我相信你可以赶上来的。"在父母的帮助下，覃柳芳一次又一次克服了学习上的困难。

覃柳芳记得，读小学的时候，有一次上作文课，老师让大家以"我的理想"为题目写一篇作文。她左思右想不知道写什么，回到家里就问母亲小时候的理想是什么。母亲说："我小时候的理想就是跟大家一起上学，但因为那时候家里穷，没有钱读书，后来我学会认字都是你爸爸教我的。我现在特别羡慕你们能读书，所以你要好好学习。"

覃柳芳思考了一下，对母亲说："那我的理想是成为一名老师，学习很多知识，然后教母亲认很多的字。"母亲对她笑了笑，说："好，那我就等着你成为一名老师，来教我很多知识。"覃柳芳静下心来把自己的理想写成作文，第二天交给老师。

一个星期后，老师把作文本发下来了，并让那些作文等级为优秀的同学站起来朗读自己写的作文。有的同学写的是以后要当律师，打赢官司，帮助那些需要帮助的人；有的同学写的是长大了要当一名军人，保卫祖国……其实，这些理想，不过是他们父母的职业。覃柳芳很仔细地听着同学们诉说自己的理想，她第一次了解到律师和军人这样的职业，但它们却像种子，在她心里生根、发芽。

放学回到家里，覃柳芳跟母亲说："我的理想是当律师，帮助别人。"母亲说："小孩子哪有这么多理想！好好珍惜一个就好了，无论如何，拥有理想的人都很了不起，所以你也很了不起。"父母身上这种朴实、勤劳、善良的为人处世态度，在耳濡目染之中深深地影响着她。覃柳芳也会天真地问父亲："你小时候也有很多理想吗？那什么理想才是最好的理想呢？我想要最好的那一个理想。"

父亲笑着回答："每个人小时候都会有很多理想，就看自己能不能好好学习，能不能抓住机会，如果都抓住了，那就可以实现好多理想。如果只抓住一个，那就实现一个理想，每一个理想都是最好的理想。"覃柳芳觉得父亲的话太拗口了，她感觉父亲说得对，又感觉不完全对，父亲像是逗着自己玩。覃柳芳喜欢这样的感觉，无论能不能实现心中的理想，只要能够跟父母一直在一起就好，或许这才是她最大的理想。

覃柳芳的童年就这样在父母亲万般呵护下悄然溜走，她也和大多数人一样，经历了从小学到初中，再到高中的学习历程。

在高中发生的一件事情，直到现在覃柳芳仍然清晰地记得。那是临高考的前一个月，大家都在努力备考，除了看书、背书，就是做题，大家沉浸在"书海"中，班级气氛异常紧张，压得覃柳芳快喘不过气了。

一天快放学时，班主任说晚上学校要开会，大家可以自由活动，并嘱咐大家要好好珍惜时间备考，不要放松自己。还没等班主任说完，一些男同学便带头欢呼起来。覃柳芳为了释放自己的压力，约了几个要好的同学去学校附近电影院看电影。那晚，她们到电影院时，电影已经放映好一会儿了，电影院里黑压压地坐满了人。

至于那部电影具体叫什么名，演的什么内容，覃柳芳已记不清了。当电影结束，影院亮灯时，覃柳芳看到电影院里全是熟悉的校服和面孔。原来，那天晚上，为了放松紧张的精神，迎接即将到来的高考，很多同学都来看电影了。这样的场面，让她终生难忘。

第二章　因为热爱所以坚持

不忘初心

1992年7月，覃柳芳参加高考，成绩公布后，覃柳芳感到很不满意，她觉得自己考砸了。父母并没有责备她，因为在他们看来，覃柳芳已经足够努力懂事了。

看着女儿这么沮丧，父亲安慰她说："你的分数已经很高了，肯定能被录取。"母亲也在一旁劝解："对对对，无论考多少分，我的女儿都是最聪明的。"覃柳芳从父母的鼓励中得到了一丝安慰，无论成绩考得怎么样，父母的支持才是最珍贵的。

覃柳芳想到填报志愿时，父母陪着她一起选专业、找学校，父亲还通过招生办了解到广西大学专科的法律专业属于冷门，报考的人相对较少，于是对她说："要不就填报广西大学法律专业？这是一个很好的机会，应该可以考上。"覃柳芳思考了一会儿，便听从了父亲意见，填报了广西大学法律专业。

父亲之所以建议她选择法律专业，可能仅基于一个原因，他认为20世纪90年代初期法律专业与其他专业相较，属于冷门专业，竞争小一些，容易被录取。果然如父亲预想的，覃柳芳顺利地被录取了。

对于覃柳芳来说，没有什么事情比能够在位于广西首府的广西大学就读法律专业更让人兴奋了，因为当律师是她从小到大的理想。她还记得自己在小学作文课上，老师让同学读自己的作文，当她听到同学说到律师这个职业后，她便立志当一名律师。还有什么事情是比追逐梦想更有意义的呢？她毅然决然报考了法律专业，并且越发地热爱法律专业。

青春未央

1992年9月，覃柳芳开启了自己的大学生活。

覃柳芳对大学的第一印象是校园里有很多果树，而9月正是水果丰收的季节，整个大学校园都飘着水果的香味，很是诱人。一天晚上，天气闷热，覃柳芳在床上翻来覆去怎么都睡不着，偏偏这个时候她又肚子饿，便突然想到了校园里的水果。她琢磨着，学校那么多果树，何不去摘些水果尝尝，便对室友说："天气太闷了，我睡不着。我看校园里有很多好吃的水果，不如下去摘几个尝尝？"

覃柳芳的想法与几个室友不谋而合。她们找来两根棍子，偷偷跑到校园的一个角落，由两个女生拿着棍子往树上捅去，期待能打落几个果子。但树太高了，棍子太短了，根本够不到，她们只能另想他法。谁知，她们的动静太大，引来了保安。保安喊了一声："谁在偷果子？"还迅速打开手电筒，照了过来。她们一听保安来了，急忙跑回宿舍。看着彼此狼狈的样子，几个人都哈哈大笑起来。大约过了一个月，覃柳芳和室友晚饭后在校园里散步，一些熟透了的果子从树上掉落下来，随处可见，她们便拾起来擦干净放进嘴里，果子甜甜的。她们不约而同想到一个月前的那天晚上"偷果子事件"，便心照不宣大笑起来。

大学生活还有一件事情让覃柳芳难忘。那是一次期末考试结束，她终于可以从紧张的复习氛围中解脱，便约了几个同学出去吃夜宵，放松放松心情。大家来自不同的城市，也是第一次在一起聊得这么开心。聊着聊着，他们居然忘记了时间，直到宿舍快关门了才赶回去。通过这次聚会，大家也建立了深厚的友谊，为自己的大学生活增加了一些趣事。

在大学里，覃柳芳跟大多数学生一样，周一到周五上课，周末出去游玩，按部就班地学习和生活。她回想自己在大学的时光，刚进校时，对学校环境很陌生，不断适应与高中完全不同的大学生活。在高中，每天都有老师监督学习，只要她稍微偷点儿懒，就有人在耳边说："马上要高考了，你还在这里玩！""作业做完了吗？试卷上做错的题目都会了吗？"有时候，学习实在太累了，她想好好放松一下，老师也会说："等考上了大学，你就可以好好玩儿了。"

大学里却不是这样。大学生活虽然丰富多彩，但一切都要靠自己主动去完成，没有人会像在高中一样督促提醒自己学习。所以，有那么一段时间，她彻底放松了，导致期末考试考得很不理想，有些科目差点儿挂科。看着其他同学拿到奖学金，她很是羡

⊙ 覃柳芳（右一）与大学同学在广西大学门口合影

慕。这个时候，覃柳芳开始思考自己为什么要来上这个大学。成为一名律师是自己的理想，她不应该整天这么浑浑噩噩地活着。但想得越多，头就会越痛。想不明白的地方，她就跟室友倾诉，或者给家人写信，家人都鼓励她说："不要着急，慢慢来，路是一步一步走出来的。"每次家里的来信都会很关心地问她："生活费还够吗？"她多么幸运，父母永远在背后默默支持着她。于是，她想通了，她要通过努力学习来回报家人的爱。

此后，她每天上课都很认真，上专业课的时候，她总是提前半小时到教室，找第一排位置坐下。有些专业课老师对她印象比较深刻——她成为老师口中那个"每节课都坐在第一排的女孩"。上课时遇到不懂的地方，她及时做好标记，下课了就去问老师，直到弄懂为止。课余时间，她就跟室友到图书馆学习。有时候，图书馆来新书了，让她兴奋不已，她会第一时间把新书借走，每天看得入迷，宿舍熄灯后躲到被窝里打着手电筒继续看，有时候一直看到凌晨才休息。快期末考试的时候，她就带着专业书和笔记，到图书馆找一个比较安静的角落，一遍又一遍地复习着笔记和重点内容。有时候自己默默背诵，有时候跟同学一起互相考着背诵，直到知识点烂熟于心。

周末的时候，她喜欢跟同学去爬山，有时候去的地方太远，正巧下雨了，没地方躲，他们就都被浇成了"落汤鸡"，大家互相对着笑。还有一次和同学们一起看到漫天通红的晚霞，那么漂亮，大家站成一排对着天空呐喊，这些都是她美丽的青春记忆。

⊙ 覃柳芳（后排左二）与大学同学合影

覃柳芳就这样在大学校园中过了一天又一天，过了一年又一年。

从大一到大二再到大三，仿佛就是一瞬间的事情，转眼间，就来到了大学生活的终点。覃柳芳觉得自己还有那么多事情没有做完，那么多地方没有约朋友去玩，图书馆那么多书没有看完，还有很多老师她都没来得及道一声再见……自己就要毕业了。她很不舍。拍毕业照那天，很多同学互相拥抱告别，哭成一团，她很失落，觉得和同学们之间就像夜空中的一颗颗星星，散落天涯，所谓"聚是一团火，散是满天星"。她明白，有些人还会再见，有些人却可能一辈子再也无法见到。天下没有不散的筵席，只能期待每个人都会变得更好，做更好的自己。

覃柳芳在心里默默告别："再见了，朋友！再见了，大学生活！再见了，最美的青春！"

"躬耕"实践

覃柳芳知道，要想把专业学好，光靠自己在学校学习是不够的，还需要实践锻炼，才能让理论知识与实践更好地融合。因而在大学期间，只要寒暑假一到，覃柳芳就申请去法院实习，提高自己对法律专业的认知，体验法院的工作是如何开展的，同时完成学校布置的实习任务。也正是这些实习经历，让覃柳芳接触了她人生中的第一宗案卷。案卷材料都是手写记录完成的，眼前这些密密麻麻的文字，甚至能还原出一幕幕开庭场景。她从卷宗中感受到了案件的"温度"是如此真实，透过这一张张薄薄的纸，她仿佛在翻阅每一个当事人的人生经历，体会每一个当事人在案件纠纷中的情感，心里那种五味杂陈之感油然而生。

的确，在很多人看来，这些资料只不过是笔录，如实把开庭时双方说的话记录下来而已。可是覃柳芳知道，这些看似简单的书写材料，其实是判定案件的依据。这些"简单"的书写材料，把案件的基本信息、证据、争议焦点等信息呈现出来，工作人员再将这些材料按照顺序一页页排好，供法官查阅以做判决。如果将这些材料交给一个不负责任或者粗心的人，有可能不小心把其中的一些关键信息漏掉了，这有可能对判定一个案件产生颠覆性的影响。

看似简单的工作，却承载着非凡的意义，这对于覃柳芳往后的从律生涯有着非常重要的影响。她很珍惜每一次实习机会，无论分配给她什么任务，她都能在第一时间很好地完成。如果下班早，她会在法院大门口坐一会儿，看着法院门口那巨大的法徽，她开始思考法院的存在对社会的意义，对那些需要打官司的人的意义。

临近毕业的覃柳芳很迷茫，跟大多数面临毕业的学生一样，她不知道自己踏入社会后能否把工作做好。但对于即将到来的生活，她是有所期待和希望的，她想起父亲对她说的："现在学不会不要紧，将来你一定能学会。心急吃不了热豆腐，何况做学问这件事，需要不断去积累，总结经验，你才能更好地成长。"

　　她听从父亲的话，放下心里所有对生活的不安和戒备，以轻松的心态去迎接大学毕业后的每一个能够奠基未来发展且来之不易的机会。其实对覃柳芳来说，大学生活让自己比较难忘的一段经历便是实习，还有跟班里的同学出去游玩的时光，那些时光是那么惬意和美好。她总感觉时间过得太快，课堂上还有很多问题没有请教老师，很多案例也还没有分析出最后的结果，她只能带着这些遗憾结束自己的大学生活。

第三章　不断挑战自己

放弃"铁饭碗"

1995年7月，覃柳芳大学毕业，入职柳州市基层人民法院，成为一名书记员。所谓书记员就是手写记录卷宗材料，把案件的基本信息、证据、争议焦点等信息记录完整，再将这些材料按照顺序一页页排好，供法官查阅。

覃柳芳很珍惜这次机会，因为这是她跨入法律行业的第一步。覃柳芳走进这个熟悉的地方，民事审判庭、刑事审判庭、执行庭、办公室……她每走到一处，都会用手去摸一摸，仿佛每一处都重新产生了意义，那是梦想的意义。时间过得真的很快，她从当初在这里实习的一个小实习生变成现在真正入职的从业人员，此刻，她才真正意识到梦想变成现实是多么让人兴奋的一件事，此时的她仿佛是从梦境里走出来的。

覃柳芳所在的科室是业务庭，科室只有一个书记员，还兼任内勤，其余均是法官。科室负责接案、立案、保全证据、送达材料、开庭、书写文书、装订案卷归档等各类工作。这些任务均由各庭的法官、书记员自行完成，覃柳芳任职书记员这个角色的重要性可见一斑。如何协助法官高效地处理案件成为覃柳芳要认真思考的事。但是这对她来说不是难事，毕竟她是从这里走出去再走进来的人，她对这里的工作了然于胸。只不过，现在她是一名人民法院的书记员，与学生时代的实习生身份不同。正式工作后，面对同样的案件材料，要更谨慎、仔细，因为有时候会牵扯到多方的利益。

覃柳芳每次收到案件材料，都要仔细地核对每一条信息，详细检查材料是否还有缺漏，确认材料完整之后，她会仔细地将其排序。这样，法官就能便捷翻阅案卷，提高办案效率。除了核对材料，覃柳芳还要根据案件性质对案件进行开庭排期。她最喜欢的事情是跟随法官外出调查取证，然后做好相应的笔录。当看到受害人无助、痛苦和恐惧的表情，她会产生怜悯之心；当看到另一方蛮横无理的时候，她真想变身为律师，详尽搜集每一份材料，还原事件真相，给善良的人们讨回公道，也给"坏人"应有的惩罚。

覃柳芳知道，关于案件调查，自己现在还没什么经验，想要在将来能独当一面，就得先好好把每一件事情做好。因此，她会在笔记本上记下一天要做的事情，到晚上再把笔记本拿出来总结一天的工作是否完成，有没有遗漏关键事项，等等。她时刻认真履行自己职责，案件接案、审查立案、通知送达、跟随法官调查取证、诉讼保全、安排开庭、参加庭审、案卷装订归档等工作，她都会有条不紊地完成。

除此之外，覃柳芳还有一个最主要的工作便是记庭，此项工作的所有文字都需要手写记录。这项工作要求书写要快、要准，并且字迹工整，这对她来说是一个挑战。覃柳芳是那种不服输的

⊙ 覃柳芳与爱人合影

人，无论多大的困难她都会迎难而上。遇到疑难、复杂、开庭时间长的案件，她有时会写到手抽筋，但是她每次都认真做好每一个细节的记录。

覃柳芳深知，庭审记录不光是书记员工作的重中之重，更是整个诉讼的核心。法官需要通过庭审来质证、问话，从而查明案件真相，而书记员所记的笔录，就是法官裁判案件的重要依据。对律师而言，能力魅力的展现、水平的体现、代理案件的整个思路与立场等，全都在庭审中完成。作为庭录员，覃柳芳在一次次庭审中目睹了律师们如何在法庭上"角斗"，他们或严谨、或幽默、或气势夺人、或以理服人……这些都是律师散发出来的魅力。

覃柳芳最欣赏的是那种既能站在当事人角度滔滔不绝地表达立场，又能以简短有力的文字说服法官，其代理意见既能够被法官采纳，又能被客户认可的律师。这样高水平的律师形象，深深地烙印在她心中，并成为她一直追逐的榜样。

覃柳芳入职半年后，也就是1996年初的一天，她下定决心辞去书记员的工作，她更想成为一名律师。很多人不理解覃柳芳的做法，在法院工作，那可是"铁饭碗"，是一般人求之不得的，为何还要改行当一名律师？律师的工作强度大，覃柳芳那瘦小的身躯能胜任吗？她也很彷徨，但她顾不了这么多，她认定了一件事就要努力去完成。这是她不服输的性格决定的，也是她能到法院工作的资本，她觉得不管人生怎么选择，都不能把自己初心弄丢了。于是，她便开始为考取律师资格证制订学习计划。

这个时候，覃柳芳认识了一位军官，他们彼此欣赏，渐渐发展成为男女朋友关系。

覃柳芳的军官男朋友也同意她的想法，鼓励她要为自己的梦想努力。成为律师，便能帮助更多的人，这是他从军官的角度来思考这个问题后给出的答案。他从经济上支持覃柳芳，帮她减轻生活上的负担，还出资帮覃柳芳购买考试需要的复习资料以及报名参加相关的培训班。有时候，部队放假了，他回到家里，都还没有休息好，便同覃柳芳一起讨论相关的案例以及考试的出题方向。他回到部队，一有空闲时间，就会给覃柳芳打电话关心她的近况。一直为覃柳芳打气，鼓励她不要轻言放弃，穿过千山万水打来的电话，每次都能让覃柳芳高兴很久，她也一直在坚持着，从未犹豫。

"三战"律师资格证

全国律师资格考试始于1986年，一般每年10月份开考。覃柳芳像多数人一样，白天工作，晚上复习。庆幸的是，她的工作与法律相关，这让她备考起来相对轻松一些。白天积累实务经验，晚上学习理论知识。有时候她看书累了，就走到窗前向外望去，此时街灯已经熄灭。在无数个反复循环的日子里，她看到灿烂的晚霞，仿佛心里有一团火在燃烧。

1996年10月，覃柳芳第一次参加律师资格考试。让她很难过的是，她信心满满坐到考场里，却失败而归。她以为第一次没有复习好，第二次备考时她更加努力，可还是没有考上。两次失败让覃柳芳开始怀疑自己的学习能力，开始思考自己是否适合律师这个职业。无数个难熬的日子，让覃柳芳感到很疲惫，她甚至有了放弃的念头。有一次，覃柳芳心情非常沮丧，曾经在心中燃起的那团火焰，突然不见了，一下子就找不着了，覃柳芳躲在屋子里伤心大哭。

那段时间，覃柳芳觉得心里很烦躁，经常失眠。一个周末，她起得很晚，听见有人敲门才起来，原来是送邮件的。她好奇什么人会送邮件给自己。一拆开，看到熟悉的名字，她瞬间泪流满面。那是她远在千里之外的军官男朋友寄来的他最近的相片和他写的信，信是这样写的：

"我在部队要经常值班，抱歉不能回家看你，陪你渡过难关。但无论你做什么样的选择，放弃或继续考，都不要忘记，永远有一个人站在你身后，那就是我，一个仰慕你的人。不管别人怎么说，我这辈子就认定了你。我知道你是一个不服输的女孩，也不会在这个困难面前败下阵来。我相信此刻你的所有经历，都会是你往后成就梦想的每一块儿垫脚石。无论何时，你要永远相信有梦想的人都是了不起的。我希望你能够重新调整好心情，做好自己，重新出发。"

男朋友从遥远的地方给覃柳芳写的信给了她很大的鼓励，他让她不要放弃，有理想和梦想的人都是了不起的，相信幸运下一次就会来临。覃柳芳披着头发坐在沙发上，拿着信看了又看，不舍得放下。她的眼泪流了下来，屋内屋外都很安静，仿佛能听到她眼泪落下的声音。也许，这两年的所有委屈和辛酸只有覃柳芳自己知道。

父母第一次看见覃柳芳心情这么失落，便约她去柳江边散步。小时候她经常来这里，现在的心境却大不相同。此刻，她很迷茫，呆呆地坐在江边望着江面。江边的草还是那么丰茂，江面上的小舟依然在水里穿梭自如，头上的小鸟仿佛没有长大，它们扇动翅膀飞翔的样子，就像她小时候看见的那些鸟。父亲指着小鸟问："柳芳，你知道小鸟为什么能飞那么高吗？"她不知道如何回答父亲，此时她的心情很烦乱。

父亲说："鸟能飞那么高，那是因为它把每一步都只当作第一步，一步一步往上飞，自然就飞得高了。"覃柳芳没有回答父亲的话，她一直在沉默。

父亲接着说："你一路走来路太顺了，经历一些挫折是难免的。从小学到初中，从初中到高中，从高中到大学，再从大学到工作，你都没有费多少力气。现在知道受到挫折是什么滋味了吧？经历过挫折才能成长，以后当了律师，你面临的情况会更加复杂，如果你连这些都承受不住，往后要是给人家打败了官司，你可如何是好？"

覃柳芳本来不想在父亲面前流泪的，但那一刻眼泪不受控制一直往下掉。

"你没考上不要怪这怪那，而是要把基础学牢学扎实，我们在每一次考试中，都相当于把基础又复习了一遍，坚持考下去，我相信你一定能考上。吃得苦中苦，方为人上人。"父亲知道，覃柳芳这个时候需要更多的鼓励，如果她能转变心态，一定能渡过这个难关。覃柳芳很感激父亲在自己考试失利的时候没有批评自己，而是一直支持自己，鼓励自己。她觉得自己不能这么颓废下去，不能让亲人如此担心。

父亲望着江边，眼神像江水一样深邃。

父亲又一次跟覃柳芳说起了自己的童年经历。为了能让一家人过上好的生活，父亲一直努力地奋斗着，父亲的辛苦，覃柳芳感受得到，美好的生活都是来之不易的，都是需要去奋斗的。父亲的精神深深地影响了她，她觉得很羞愧，与父亲相比，自己目前面临这点儿困难算什么？不就是考试失利了吗！大不了就后退一步，又不是没有工作可做。相比于父亲，她的生活已足够令人羡慕。她从大学一毕业，就去了法院工作，这是多少人梦寐以求的。她突然感觉到，自己得到了这么多的恩赐，应该努力用自己的知识和行动回报社会才对。想到这些，覃柳芳又振作起来，继续投入考试"战斗"中。

这次谈话，也影响了覃柳芳往后对待生活的态度。从那以后，无论遇到什么困难，她都不灰心，从哪里跌倒就从哪里站起来。父母的教导使她在人生中一直保持着热情，没有一丝一毫的松懈和马虎，在这样的鼓励下，她决定第三次参加律考。

时间过得很快，覃柳芳人生中第三次律师资格考试如期到来。踏入考场的那一刻，她便在心里暗想："来吧，我已经准备好了。"她第一次这么轻松地坐在考场上，这是她一直不放弃梦想，一直坚持学习的结果。终于，覃柳芳在第三次律师资格考试中成功了。

也正是因为这样的坚持和执着，让她在后来一次次突破自己，一步步离自己的梦想越来越近。覃柳芳直到现在仍然记得高考成绩出来那一刻的失落感，分数并不符合自己的预期，虽然父母一直在鼓励她，身边的人都给她送来祝福，投来羡慕的目光。但她不甘心读一个专科，好在选择的是自己向往的法律专业。她在心里暗暗发誓：在大学一定好好学习，不断的提升自己。因而她毕业后，又自学了法律本科所有的课程，再后来，考取了西南政法大学的在职研究生。从专科到在职研究生，没有人知道她这一路的艰辛，但她坚持了下来。这种永不言弃的精神，让她走过一个又一个峡谷，也走出一个又一个高山。

拜师学艺

1999年末，覃柳芳经过三次考试，终于考取了律师资格证。覃柳芳终于如愿成为一名律师，但如何找到案源，如何打赢官司，这些又成为她需要面对的新问题。她只是通过了律师资格考试，还没有亲自实践过，无论是与委托方或法院打交道，还是处理案件技巧等方面都很匮乏。因而，她需要在律师事务所找一位师傅，跟着他学习。这个师傅去哪里找？如何找？什么样的律所才最适合自己？她感觉到好像有一团团白雾萦绕在眼前，让她万般迷茫，她不知道未来的方向在哪里。

可人生不正是这样吗？不断迎接困难，又不断迎难而上。三次考试的洗礼，让覃柳芳对待生活更加从容。白天，她出门查访柳州律所信息，一一记在笔记本上。晚上回家，把笔记本拿出来比对律所信息，比如比对律所薪资、律所实力和发展前景，才好选择。丈夫也一刻不闲着，不停向周围亲戚朋友打听了解。他们一起四处奔波，挨家事务所跑。终于，有一家"广西正泰和律师事务所"进入了他们视线。覃柳芳打听到，广西正泰和律师事务所的前身为柳州市律师事务所，成立于1981年，是柳州市的首家律师工作机构。这家律所培养的极其优秀的律师遍布各地。经过多方比对，覃柳芳确认这正是自己心仪的律所。当见到它的那一刻，覃柳芳便开始憧憬自己的律师生涯。1999年，覃柳芳正式进入广西正泰和律师事务所工作。对覃柳芳来说，要找师傅学习就要找最优秀的师傅。她听闻事务所龙凤麟、何敬文两位主任办案经验丰富，技巧老道，一直受到大家尊敬，便想拜他们为师。

为了能够学习到更多办案技巧，本着求学目的，覃柳芳和丈夫分别拜访了律所龙凤麟、何敬文两位主任，表明自己想要跟着他们学习，想要当一名优秀律师的愿望。两位主任看到这么肯干又果敢的覃柳芳，自然不会轻易放走她，他们也在窃喜，仿佛等来了自己最为得意的弟子，一口答应，只要她肯学，他们会把自己多年来的办案经验毫无保留地传授给她。就这样，覃柳芳有了

⊙ 覃柳芳与爱人的结婚照

自己的指导老师，她也在两位老师的指导下渐渐成长为一名优秀的律师。

对很多人来说，成为一名律师，应该要尽快找到案源，小试牛刀，以丰富自己办案经验。但覃柳芳不这么觉得，她深知自己刚进入律师这个行业，没有什么办案能力。她知道给人打官司可不是开玩笑的事，她还有很多不懂的地方，必须努力跟着师傅学习。她相信等自己把办案技巧学到手了，总会有大显身手的一天。所以，覃柳芳一开始就没有费心思去开拓案源，而是安下心来实实在在学习本领，学习如何做一名律师，尤其是如何做一名综合素质高、全面发展的优秀律师。不管师傅给出什么样的任务，她都尽心尽力去做好。

覃柳芳记得自己初访龙主任时，便被他桌子上和柜子里摆满的案卷惊呆了，那案卷一层叠一层。人坐在沙发上，从门边上都看不见人。她无法想象，一个办公室竟然能装下这么多东西。她开始觉得这些材料堆在办公室，如同堆在自己心上，在心里产生了巨大压力。摆满柜子的案卷材料让她明白，自己距离一名合格的律师还很遥远，但她会一直努力。

师傅看起来是一个不苟言笑的人，也是那种喜怒不形于色的人。无论覃柳芳跟师傅谈论什么，他脸上永远只有一个表情，那便是严肃。覃柳芳刚开始跟着师傅学习时，有些不适应这样的"高冷"，跟师傅说话都小心翼翼的，生怕说错哪一句话让师傅不高兴。

师傅交办一个案件，覃柳芳立马拿材料熟悉案情，查找相关法律规定，遇到不懂的地方才敢请教师傅。师傅虽然平时不苟言笑，但是遇到像覃柳芳这样勤学好问的年轻人，他会非常高兴，毫无保留地分享如何分析案情和证据，如何在证据材料中发现问题，如何在证据材料中确定法律关系、寻找适用的法律规定，当覃柳芳把法律方向搞错了的时候，他也会不厌其烦地纠正。

师傅对覃柳芳很有耐心，她每次把自己写好的案子诉状和代理词给师傅看，师傅都会很认真地逐字逐句修改，修改后还会讲解给她听，即使当时已经是信息时代，他还是保持着这样的习惯。覃柳芳发现师傅所用过的法条工具书，页面都画满了圈圈和横线，这些圈圈和横线都是师傅对法条的解读。有时候师傅一边修改案本，一边对她说："做律师不要一味地追求金钱。律师是凭技术吃饭的职业，只有把自己的办案基本功打扎实了，才能得到当事人的认可。有了当事人的认可、社会的认可，才是自己的价值所在。"

覃柳芳从师傅身上所学到的一切，都对她触动很大。此刻，她才明白什么样的律师是真正优秀的律师。她暗暗下决心，要成为师傅那样的律师。在律师行业，什么类型的律师都有，最让她欣赏的是那种钻研业务、扎实办案、依靠强大的理论基础和丰富的实务经验拼出来的律师，也就是师傅这种类型的律师。办理案件，一定要先理清楚当事人之间的法律事实、法律关系，然后再运用律师的职业判断力，结合法律规定，最后为当事人总结出诉请或者争议焦点，这也是覃柳芳作为一名律师需要提升的地方。

跟着师傅学习的这段时间，覃柳芳没有独立打过一场官司，而是先把理论、实务技能、沟通接待技巧以及如何与司法机关打交道等掌握熟练。她不计付出，不求回报，不惧辛劳，也不怕吃亏，全心全意地扎进律海里。也正是因为有这样一位拥有扎实理论基础、勤于钻研案件的师傅影响着她，她才会以钻研业务为方向成长起来，从而成为一名业务型律师。没有业务能力来立足的律师，好比无足之鸟，经不起风吹雨打，只有像工匠一样，不断提高自己的办案技能，才能够将经手的每一个案件做精，才能赢得当事人的肯定和社会的良好口碑。

双向奔赴

在覃柳芳辞职离开法院后，在准备考试这些年里，父母和男朋友一直在身边支持和帮助她，才让她更加有信心地度过这一段艰难的时期。覃柳芳知道，即使自己没有成功也没有关系，因为她相信男朋友会一直在身边陪着她。她一直在等的人也是他，这是一个女人的直觉。她特别感激男朋友在她最为落寞的时候一直支持她、关心她，让她无论对待生活还是工作，都可以有"任性"的资本。覃柳芳通过律师资格考试的前一年，也就是1998年初，便决定和男朋友结婚，她期待着自己的小家。1998年8月26日这一天，覃柳芳终于穿上了梦想中的婚纱，男朋友也穿上了帅气的西装，他们结婚了。他们深情相拥，这是生活赐予的爱。

老天对覃柳芳真的很眷顾，她小时候的梦想全都实现了，考取了律师资格证，即将成为一名律师，嫁给与自己两情相悦的军官男朋友。也许，这便是越努力越幸运吧，无论对待工作，还是家庭，覃柳芳都加倍认真。

2001年4月12日，对于覃柳芳来说是一个值得纪念的日子，这一天她成为母亲，生下一个可爱的男孩。忍着分娩的苦痛，她摸着孩子小小的手，看着孩子紧闭的双眼，觉得他那么可爱。

母亲这一身份，让覃柳芳将在深夜里给孩子喂奶、换尿不湿练成了"绝活儿"。覃柳芳常常盯着孩子看，觉得孩子是另一个自己。这个时候，她才真切感受到了作为父母既辛苦又幸福。想到父母一路把自己拉扯大，是多么不容易。

即使在坐月子期间，覃柳芳也没有放下工作。想到工作上还有很多事情要处理，等孩子睡下，她便把剩余的精力用到工作上。她按照师傅的方法，在一大堆材料中把自己想要的材料一点点勾画出来。整个产假期间她也是抱着与法律相关的书籍不放。她没有想太多，只是希望能把工作和照顾孩子都做好。但似乎家庭与事业之间有时候就是那么不可调和，要么照顾好孩子，却不得不放下工作；要么做好工作，却疏于对孩子的照顾。

产假一结束，覃柳芳便早早回到了单位，每天早出晚归成了家常便饭。在旁人看来，覃柳芳简直是一个工作狂，她似乎是那种除了工作什么都可以不要的人。其实，她只是想好好珍惜这来之不易的机会，想好好学习技能期待自己能早日独当一面。休产假的这些日子，让她对所里很多工作突然觉得陌生了，需要她投入更多的时间。可一想到家里的孩子需要人照顾，她又不知道怎么办才好。

母亲看出了覃柳芳的心思，便说道："你尽心尽力忙你的事情，孩子由我和你父亲来照顾，你把自己工作搞好要紧，难不成你害怕我们带不好孩子？也不想想是谁把你带大的。"

母亲说完，便把孩子抱到另一个房间去玩儿。覃柳芳只觉眼角又湿润了，眼泪不听使唤地往下流。作为女人，想做点儿事情确实不容易，要花费更多的精力。还好有家人支持，她才不至于那么无助。覃柳芳特别感激父母毫无怨言地全力支持她，在经济上为她解除后顾之忧，在生活上为她分担照顾孩子的压力，她才能毫无顾忌投入工作中去。有时候心情烦乱，丈夫便会利用休假的时间，带她到处去玩儿，帮她疏解心情。

2010年12月，覃柳芳的丈夫从部队退役。回到家，他想了很久，也下决心要做一名律师，考律师资格证。丈夫想给覃柳芳一个惊喜，便在不经意间说了这个事。覃柳芳一听到丈夫也要当律师，要考律师资格证，内心很是惊喜。如果丈夫也能成为律师，那他们在事业上也能携手前进，互相支持了。考律师资格证，覃柳芳可以说拥有很多宝贵的经验，这是她用三次考试换来的。丈夫白天在家里一边带孩子一边看书学习，晚上覃柳芳下班回来辅导丈夫。覃柳芳的生活也重归正常，她不再那么焦虑了。

经过一番努力，2014年4月，丈夫考取了律师资格证，他终于和覃柳芳一样正式成为一名律师，他们的工作从此有了交集。他们经常一起讨论案件、交换看法、交流业务。覃柳芳在工作上有了丈夫的支持，感觉自己的路顺了不少，无论遇到多大的困难，丈夫都会跟她一起面对，这是一个男人给她的安全感，丈夫是她最坚实的臂膀。如果有灵魂伴侣一说，那么覃柳芳和丈夫便是彼此的灵魂伴侣。当然，覃柳芳的成功也少不了父母的支持和鼓励。父母给了覃柳芳一个温暖的避风港，她才可以义无反顾地去做自己热爱的事。

覃柳芳想，不能一直把孩子丢给父母照顾，无论是谁，都替代不了父母在孩子心中的位置。她深知有一个幸福的家庭才会有一份成功的事业，而有一份成功的事业的人却不一定有一个幸福的家庭。她想到自己的母亲，一生那么要强，那么上进，也没有把对子女的关心和陪伴落下。

覃柳芳记得，母亲无论多么忙碌，都会花些时间把家里的事情安排妥当。望着勤劳持家的母亲，覃柳芳对母亲和家庭这两个词有了更深的理解。

因而，无论多么忙碌，覃柳芳都不愿把家庭的事情落下。何况，她在家里不仅是父母的乖女儿、孩子的母亲，也是丈夫的妻子。覃柳芳在做好工作的同时，经常抽时间陪家人出去旅游，陪孩子写作业，参加一些亲子活动和兴趣班。在闲暇之时，她也会做一些美食和家人分享。这个时候，她才意识到，也许这才是家庭和生活的意义。覃柳芳就这样，一边工作，一边把家庭照顾得很好，生活和工作两头抓。

安稳的家庭生活也反哺了她的事业。她努力跟师傅学习办案技巧和经验，跟师傅一起办案的这段经历让她的办案水平也逐步提升。她知道从0到1的过程很艰难、很煎熬，但是律师是个讲究厚积薄发的职业。经历了前期的沉淀以后，慢慢地，她开始能够娴熟自如地接案，对接客户和司法机关也能够游刃有余，沟通自如。她确信，这些能力足以支撑自己独立办案，她也开始了自己职业生涯中独立办理案件。

第四章　做一名有温度的律师

律师初体验

覃柳芳进入律所后一直跟着师傅学习，处理师傅交办的案子，或者朋友委托的一些小案件（有些根本算不上案件），她自己没有什么案源。但她明白，只要功夫深，铁杵也能磨成针。覃柳芳所有的努力，仿佛都在等待一个机会，而这个机会不久就到来了。

2000年7月的一天，如往常一样，覃柳芳在办公室整理师傅让她整理的资料。接近中午的时候，一个长相漂亮的女孩来到办公室，说是要咨询打官司的事情。覃柳芳把凳子拉出来让女孩坐下，给她倒了一杯水。这个年轻女孩看起来很疲惫，还边说边哭。覃柳芳耐心安慰道："不要难过，慢慢将事情发生的过程好好说说。您放心，我们一定会尽力帮您处理好这件事情。"女孩这才停止了哭泣。

女孩说："我是医院护士。有一天凌晨2时许，一个小区有人打了急救电话。我跟着急救车来到这个小区执行抢救任务。我一个人先上去查看情况，刚走到负一楼的电梯口，突然不知从哪里冒出来一个人，他醉醺醺的，可能看我是女孩，比较弱小，就动手动脚的。我一反抗，被那个人打了。我抱着头蹲在电梯口，那个人就一直对我拳脚相加。后来，我到医院检查，诊断为轻型颅脑损伤、局灶性大脑挫裂伤、脑震荡、肩袖损伤、鼻骨骨折、眼挫伤、颈椎间盘膨出以及多处挫伤。我只想要一个公道。"女孩说到这，又伤心地哭了起来。

女孩大晚上出来救援，没想到自己成了救援对象。她很委屈，但觉得自己以后还要生活，如果把打人者告上法庭，会不会以后一直被他纠缠，便想算了。但单位、朋友和家人让她不要害怕，要勇敢站出来，所以她就来到这里寻求帮助，希望律师能够给她主持公道。

覃柳芳听到这里特别气愤，首先打人就是违法行为，其次受害者是护士，救死扶伤是她的职业使命，殴打医务人员更加恶劣。覃柳芳心想，一定要给受害者讨回公道。覃柳芳对女孩说："你来这里是对的，不能让人觉得我们女人弱小就能随便欺负，你只要把证据准备好，该赔偿的一定让他赔偿。"

覃柳芳从律师的角度想着，护士作为医务人员，在社会上承担着救死扶伤的重任，工作极其辛苦，被人们誉为"白衣天使"。而被告因醉酒殴打正在执行抢救任务的原告，行为恶劣，给原告造成了巨大的身体和精神伤害，更造成了极其恶劣的社会影响，是典型的伤医事件，虽然公安局对被告下发了行政处罚决定书，并对被告进行罚款和拘留的处罚，但直到现在，被告始终未以任何方式向原告赔礼道歉。覃柳芳认为这是不可接受的，她决定要好好帮助这个女孩。

覃柳芳急忙将这个女孩的情况汇报给师傅。师傅觉得覃柳芳跟自己学习这么久，该学会的东西已经学会了，到了该放手让她独立去闯的时候了，便让覃柳芳独自去处理这个案件。师傅说："我相信你可以处理好。"覃柳芳既开心又忐忑，开心的是自己终于有机会了，忐忑的是担心自己能否办好案件。

其实，覃柳芳听完女孩讲述，认为这是一例典型的伤医案件，凭自己跟师傅学习这么长时间，应该有能力去处理好。她之所以忐忑，是因为这是自己职业生涯中第一次独立处理案件，她害怕处理不好让师傅失望。但她管不了这么多了，下决心要为女孩讨个公道。无论怎样，都要放手一搏。

覃柳芳返回自己办公室，女孩还在办公室等着，她又向女孩询问了一些细节，让女孩提供已经掌握的证据。女孩从包里掏出了公安局出具的行政处罚决定书，还有医院门诊、住院病历、医疗费发票等证据。覃柳芳看到这么充足的证据，觉得这个案件没有什么可以争议的，就是看看还有哪些地方能为女孩多争取一点儿赔偿。

送走女孩，覃柳芳也回家了，如往常一样，吃完饭，她打开台灯，把白天女孩给她的证据拿了出来。覃柳芳一张一张地看，还有法官出具的一些文书，也一个字一个字仔细阅读。她发现，白天跟女孩的谈话漏掉了一些细节，病假证明书日期与门诊病历的日期没有对上。她仔细一看，才发现女孩提交的门诊病历只有治疗期间一半的记录，另一半治疗记录缺失。另外，在误工天数方面，也没有把住院天数加进去。覃柳芳看到，之前认定案件的法官也指出了这个失误。

覃柳芳给女孩打了电话，询问关于案件的一些细节，请女孩把缺失的证据找齐，才能保证万无一失。这些烦琐的资料是证据链的一部分，缺失这一部分就会对案件有影响。覃柳芳很注重细节，这是作为律师处理案件的基本素养。

覃柳芳看完所有的卷宗，之前法官认定的权责基本属实。唯一不确定的是：是否要给女孩申请精神赔偿，如果要追加精神损害抚慰金，又该如何为她诉讼？覃柳芳像师傅一样，打开那本厚厚的工具书，先看看这类案件在法律条例上是如何定性的。

覃柳芳看到《中华人民共和国民法通则》（下文简称《民法通则》）第一百二十条规定：公民的姓名权、肖像权、名誉权、荣誉权受到侵害的，有权要求停止侵害，恢复名誉，消除影响，赔礼道歉，并可以要求赔偿损失。受害人可以要求赔偿损失的规定，在审判实践中被普遍援引为确认当事人精神损害赔偿责任的法律依据。

这不就找到依据了吗！覃柳芳窃喜，想着《民法通则》被视为人格权利商品化的精神损害赔偿，在理论和实践中获得广泛的认同。如果根据它来处理案件，是没有什么问题的。覃柳芳拿着笔在笔记本上写下关于处理本案件的一些案例和辩论逻辑，这样有助于自己对案件相关内容的记忆，开庭时才能从容不迫地应对，也才能有理有据地辩论。

覃柳芳熟悉了案件所有内容后，一看表，又到凌晨。便关上灯上床睡觉，等着开庭了。谁知还没开庭，覃柳芳就接到一通恐吓电话，对方威胁覃柳芳不要给女孩做辩护律师，否则以后出门会有危险。覃柳芳并没有被吓住。律师从某方面讲是公平正义的守护者，而她作为守护者，坚决不容别人践踏公平正义。

开庭那天，覃柳芳特意从柜子里拿出自己最喜爱的西装和领带，穿戴好便往法院赶去。法庭上人很多，位置都坐满了。旁听的人，除了双方亲属，还有一些社会人员，他们对这个案件十分关心，他们同情女孩，对打人事件感到愤怒，希望打人者得到应有的惩罚。实际上，在开庭之前，被告已经受到法律制裁，只不过一直没有向女孩支付相关赔偿和道歉，覃柳芳今天要争取的便是这些。

一切准备就绪，法官宣布开庭。首先是原告律师意见陈述，覃柳芳有理有据地把原告所有诉求一一说明，法官比较认可。但是被告方却一直不同意关于精神赔偿这项要求，他们一直在反驳覃柳芳提出的相关证据。

尽管案件有了定性，但覃柳芳还是谨慎发言，她害怕自己因为某个词使用失误而被对方钻了空子。对方律师发言时，她心里还是有些紧张，她害怕对方律师有新的证据，这可能与她第一次独立辩护缺乏经验有关。但她相信，法庭是个讲证据的地方。在这么充分的证据面前，犯罪分子是不可能逍遥法外的。

"原告还有没有补充？"覃柳芳的胡思乱想被法官打断了。

覃柳芳补充说："对方律师的话明显违反了事实。首先，被告伤医的行为严重违反了社会公德，侵害了原告的人格利益。其次，就侵害事实的具体情节而言，被告在事发当时已经处于醉酒状态，主观上具有严重过错。被告对原告的头部、脸部、眼部、颈部等人体重要部位进行殴打，手段极其残忍，性质十分恶劣。事发当时正值凌晨，原告正在执行抢救任务，为抢救他人的生命而履行职责，被告在这么重要的场合对原告进行侵害，严重违反了我国法律规定和社会公序良俗。被告的行为性质恶劣，给原告的身体与精神造成了巨大的伤害，造成了极其恶劣的损害后果。所以，对方必须接受我方提出的所有赔偿要求。"

覃柳芳认为在本案中，事实依据为：护士作为"白衣天使"，在救死扶伤的过程中，被被告暴力殴打，而且被告还处在醉酒的状态下。被告对护士的侵害行为，按照《民法通则》已经严重违反了社会公德，并极大地伤害了护士作为医务人员的尊严，这是一起典型的伤医事件。覃柳芳在材料陈述中，小前提（事实依据）和大前提（法律依据）都有，重点是需要将这些事实按照严密的逻辑叙述出来，覃柳芳便做了上述辩证。

根据双方的证词，最后法官认定，原告提出的意见合规合法，证据充分，督促被告尽快赔偿原告的损失。听到审判结果，旁听席爆发出热烈的掌声。这是覃柳芳第一次独立处理案件的胜利，也是社会正义的胜利，她脸上露出了喜悦的笑容。

覃柳芳把好消息告诉师傅，师傅还是一如既往不苟言笑，认为这个案件本身已经定性，难度不大，胜诉是意料之中的，没有必要这么兴奋。覃柳芳还需要继续努力学习，接手更加复杂的案件，到时候还能打赢官司，庆祝也不迟。师傅虽然要求苛刻，但是也鼓励了覃柳芳，第一次独立处理案件，还能做到从容不迫，这是最难得的品质。师傅认为覃柳芳能够为当事人追加精神赔

⊙ 2019年，覃柳芳（右二）到律师事务所交流学习

偿，这是一个很好的处理思路。回到家后，家人都在庆祝覃柳芳首次独立办理案件的胜诉，认为这是一个良好的开局，相信未来会更好。

晚上，等孩子睡着后，覃柳芳打开台灯，第一次觉得灯光那么好看。她拿出笔记，对自己第一次独立处理的案件进行反思。覃柳芳觉得自己在庭上所做的辩护，那些文字看起来还比较生涩，也透露出自己办案的经验还略显生疏。值得肯定的是，最终在自己的竭尽全力下，主张的精神损害赔偿意见得到了采纳。

覃柳芳通过这个案件也收获了很宝贵的经验，尤其是关于审查证据这一块儿，提醒她树立起证据意识，俗话说"打官司打的是证据"。并且，在司法实务中，证据也是法官查明、认定事实的基础。证据就是武器，如何充分利用证据打好"一场仗"，十分考验律师办案的专业性。这些经验，也为她接下来的一场接一场的官司奠定了很好的基础。她走到窗边，窗外灯火通明，她发觉今晚的街灯很美丽，一闪一闪的像梦境。

用法律抚慰人生苦楚

2008年的一天，覃柳芳一到办公室，便觉得眼皮在打架，昨晚做卷宗做到凌晨，睡了三四个钟头，便赶来律所了。她太疲倦了，但这是她热爱的工作，她一心只想把工作做好。她冲了一杯咖啡，让自己清醒清醒。

有人敲门，覃柳芳打开门，发现一位三十多岁的女人站在门口，她穿着一件旧式衣服，脸上布满愁容。覃柳芳把她让到沙发上。那女人一见覃柳芳，说了句"总算找到你们了"，便忍不住哭起来，仿佛要把这些年的委屈全倾诉给一个陌生人。

覃柳芳给她倒了一杯热水，她看出了女人内心的绝望，覃柳芳同情她，或许这是女人与女人之间的共情。

覃柳芳问女人叫什么名字，她说自己叫王某某，然后把自己身份证递过来。覃柳芳接过身份证，看到她才37岁，可眼前这个饱经风霜的女人与身份证上的仿佛不是同一个人，那时候她照片上的笑多么甜美，而眼前她看到的女人却愁容满面。这些年她发生了什么，以致自己被时光摧残成这个样子？覃柳芳在心里暗自揣测她这些年的遭遇。

王某某心情稳定一些后，开始向覃柳芳讲述自己那不幸的生活。

1992年7月，王某某进入柳州市一家印刷厂工作，那年她只有21岁。她很珍惜这份工作，因为王某某觉得一个女孩子能获得一份正式工作，今后的生活就有了保障，所以她工作很卖力，虽然辛苦但很知足。

1995年7月的一天，在王某某工作的时候意外发生了，她的右手被机器压伤。当时，她感到一阵头晕，血不停地往外冒。同事急忙跑过来，简单给她包扎一下，便把她送到医院。王某某在医院治疗一段时间后出院了。王某某出生在一个贫困家庭，好不容易得到这份工作，不想因为自己的手受伤而丢掉。谁知还没有好好生活一切就结束了，她不甘心，在她心里还在幻想着靠这个工作改变自己的生活和命运。

她从医院回到家，没有休息几天，便提出想尽快回到单位，回到工作岗位上。但这个时候，她的右手已经不能干活儿了。她很担心，不知道单位还能不能让她继续上班。王某某想着，如果单位不要自己，那自己这辈子可能就完了，她无法再重新找到一份工作，没有哪个单位愿意聘用一位残疾人。她想着，虽然右手已不能干活儿了，但她还有一只手，还可以做很多事情。

王某某把自己的想法跟单位领导说了，领导没有马上给她答复，说要集体开会研究才能定下来。让她欣慰的是，可能是自己这份执着和一心想要自食其力的精神感动了领导，领导同意她回单位继续上班。就这样，王某某继续在印刷厂上班，生活再一次充满希望，她又开始筹划着自己的未来。天有不测风云，人有旦夕祸福，灾难又一次降临在她身上。

1997年3月，王某某的手再次受伤，这次伤的是那只完好的左手。经过伤残等级鉴定被定为六级伤残，属工伤。至此，她已经基本丧失劳动能力。王某某崩溃了，她本想着靠工作改变命运，结果工作也真改变了她的命运——只不过是朝着不好的方向，她觉得自己被生活抛弃了。王某某只能拿着基本工资在家里休息，这一歇就是十年。十年里她相夫教子，日子过得倒也清静。直到2007年，又一次意外降临，她的丈夫去世了，那个跟自己互相支撑的人走了，她的生命仿佛失去了阳光。她一直想不明白为什么"麻绳专挑细处断，噩运只找苦命人"。

王某某还没从丈夫去世的悲痛中走出来，又一个噩耗传来。印刷厂将要进行整体拍卖，像她这样没有工作能力的工人将会被解除劳动合同，往后将没有基本工资。基本工资没有了，自己又没有劳动能力，将来该如何生活？难道命运彻底将她放弃了？王某某也想一走了之，但是她还有老人和孩子要照顾，一想到这里她便又挣扎着重新站起来。

单位负责人跟王某某联系通知她，依据《工伤保险条例》规定，单位只能一次性给她伤残就业补助金3万余元，往后的生活她只能自食其力了。这些钱对她来说，实在是杯水车薪。她还要赡养老人，还要照顾孩子，但她已经无法正常工作了。想到这里，她感觉特别无助，整天以泪洗面。她找不到人聆听自己的诉求，无人肯帮她。女人觉得自己很可笑，总是做着一些无力的挣扎。但一想到死去的丈夫、家里那嗷嗷待哺的孩子，已经走投无路的她便想到了律师事务所。后来她听人说，职工有困难找娘家人——柳州市总工会有一位职工律师覃柳芳很负责任，专门为职工维权，可以找她寻求帮助。

就这样，王某某便通过柳州市总工会找到覃柳芳寻求帮助。

覃柳芳听完王某某的倾诉，感觉她太不容易了。她两只手在工作中残疾，没有了工作能力，丈夫又意外去世，家里上有老下有小，全靠她一个人支撑着，这是多么坚强的一个女人啊！覃柳芳决定要帮助她多争取一点儿利益，给她多一点儿生活的希望。在覃柳芳看来，自己首先作为一个人存在，然后才是一名律师。因此，她对王某某的身世感到同情和怜悯，假如能用自己的专业知识和能力帮助到她，这才是她作为一个律师所追求的价值。

覃柳芳把王某某送走后，花了一天时间查询相关法律法规条例和职工工伤相关案例作为参照。她把相关材料汇聚到一起分析，得出解决这个案子的几个关键点：第一，对于王某某这样的工伤赔偿计算上是否存在争议；第二，旧的法律对本案法律适用的溯及力问题是否适合解决现在的问题；第三，王某某的案子是否为个案；等等。因为这涉及案件的基本事实，如果把这些问题弄明白了，处理本案的思路也就清晰了。因此，覃柳芳又花了一个星期查询案件相关资料，尽量让材料充分一些。

2008年4月23日，柳州市劳动争议仲裁院依法公开开庭审理此案。覃柳芳只记得当时旁听席密密麻麻坐满了人。她还是有些紧张，毕竟她面对的是一家大型企业。

覃柳芳在庭上据理力争。她首先陈述了王某某在公司工作的基本事实；其次，她根据相关法律条例如实陈述了工伤赔偿的适用性与赔偿范围，也谨慎说明现在法律存在的漏洞；最后，她从相关案例引申到本案，在国内有类似王某某的法律处理案例，判定了当事人享受第二次工伤待遇。于此类比，王某某也应该获得赔偿权利。覃柳芳陈述完毕后，把代理词陈述的观点提交给法官。

对方公司在庭上仅在口头上进行抗辩，未能提供证据和书面答辩意见。他们反复陈述的一个理由是：依据《工伤保险条例》的规定，认为王某某之前已经享受了工伤待遇，不应当第二次享受工伤待遇。此次开庭因双方意见差异过大，仲裁调解最终失败。

覃柳芳多次找到仲裁员，希望这个案件能够得到重视，毕竟这个案子涉及职工的切身利益。从法律角度说，案件事实清楚，证据充足，符合事实；从城市发展角度说，柳州是一个工业城市，有大量的职工，只有把他们的权利维护好，他们才能放心、安心工作，为社会创造良好的经济效益；再从道德角度上说，法律更应该保护弱势群体。因此她希望这个案件能够得到公正裁决。在覃柳芳坚持不懈地努力下，她的观点最终得到仲裁员支持。仲裁员还到公司去做代理人工作，但公司方不同意当事人提出的意见，仍坚持自己的观点。

2008年11月28日，第二次开庭。覃柳芳根据自己充分的证据材料驳斥对方提出的所有观点。因为该案件事实清楚，证据充分，而对方没有相关证据证明自己的观点。最终，劳动仲裁法庭做出裁决：公司按王某某负伤之时上一年度的月平均工资的70%计算补偿金，一次性支付王某某66234元。

这个案件到此也得到了圆满的解决。王某某再次泪流满面，她感激覃柳芳帮自己拿到应得的补偿，给了她全家人生活的希望。为了表达自己的感激之情，王某某还特意买了礼物给覃柳芳送去。覃柳芳怎么也不肯收，她告诉王某某今后好好生活，如果有什么困难就来找她。

在覃柳芳的职业生涯中，这样的事情还有很多，但让她印象最深刻的是解救一个被父母施暴的儿童。

2015年4月的一天，覃柳芳正在办公室处理工作时，收到一封家庭虐待的信访件，说某小学有个学生刘某，长期被父母虐待，她浑身上下满是伤痕，都是被父母打的。覃柳芳看到这些非常气愤。覃柳芳知道，在柳州和很多农村地区，之所以出现父母虐待儿童的现象，是因为有些父母重男轻女的观念比较严重，他们觉得女儿以后都要嫁出去，在教养上便不会那么认真。而且很多农村父母早年家庭贫穷，没怎么读过书，没有多少文化，不知道虐待儿童是触犯法律的。覃柳芳想起自己读书的时候，一些女孩成绩挺好的，如果能够继续读下去或许能考上大学，但是不知道为什么，一些人读着读着就没有再来学校，后来才知道是父母不想让她们读书，希望她们回家干活儿或者打工赚钱供弟弟或者哥哥上学。

街上汽笛鸣响，覃柳芳把飘远的思绪拉了回来。因为是一份文书，也不知道事情真假，她决定去学校了解一下这个事情。覃柳芳到学校时，已是傍晚，远方的建筑被阳光照得一片金黄。覃柳芳跟工作人员说明来意后，跟着老师来到一间教室。这间教室的中间被一排木板围了起来，放满了沙。左边的墙面上画着太阳花，右边放置了很多玩具。覃柳芳看见这里，想着这应该是学校的心理咨询室。不久，她看见一个身形瘦小的女学生跟着老师走进来。这个女学生就是刘某。她眼神呆滞，没有一点儿生机，小小的年纪仿佛经历了这个年龄段不该经历的很多事情。覃柳芳看着眼前的刘某，一阵心疼，毕竟她也是一位母亲。

覃柳芳让刘某坐在沙发上，老师坐在旁边。覃柳芳对她说："我今天是来帮你的，你在家里被谁欺负了，就跟阿姨说，不要怕。"刘某眼神呆滞，一直不肯说话，也许在害怕什么。

老师转身对刘某说："这位律师阿姨是来帮你的，你心里有什么话就跟阿姨说，好不好？"

没等老师说完，刘某的眼里突然泛起泪花，忍不住哭起来，覃柳芳从包里拿纸巾递给她。刘某掀开衣服，覃柳芳看到她的肩膀和背上都有伤痕。

刘某说："在家里，爸爸一发脾气就打我，妈妈发脾气也打我。可我没有做错什么事情。"

老师说，本来刘某成绩挺好的，但自从经常被父母打骂后，成绩一落千丈。刘某父母威胁说，如果刘某在学校乱说话就让她辍学回家干活儿，不准她读书了。

覃柳芳经过深入了解，发现刘某父亲喜欢喝酒，一喝醉就要酒疯，一要酒疯就拿棍子往刘某身上抽。刘某痛得在地上直打滚儿，母亲在一旁也不阻拦。有时候父亲把气撒在母亲身上，母亲也会拿刘某出气。刘某三天两头就被打哭，哭声很大，邻居也来劝过几次，但是无论怎样劝说，她的父母都听不进去，一有不快就拿刘某出气，先后多次掐刘某的脸、嘴和身上的肉，还用脚踢踹其全身多个部位，刘某身上的淤青清晰可见。

老师也看不下去，忍不住批评了刘某的父母，劝他们说，很多人想要孩子都生不出来，有些人有孩子却不知道好好去珍惜。可刘某父母却不以为意。老师希望能从法律层面让刘某父母受到惩罚，不然，长期这样，孩子以后身心健康都会出现问题。老师对覃柳芳说："无论如何，请您帮帮这个命苦的孩子。"

覃柳芳对老师说："请老师放心，这件事我会管到底的。"覃柳芳在学校把刘某基本情况了解清楚后，便跟刘某回了家，她想跟其父母谈谈。来到刘某家里，已是晚上7点。刘某母亲正在做饭，父亲在客厅里看电视。屋子很破旧，里面摆满了各种生活用品，本就不大的房间看起来更加拥挤。覃柳芳了解到，这一家人是租住在这里的，他们平时靠打零工维持生活。

覃柳芳跟刘某父母说明来意后，刘某父亲顺手从旁边拿起铁丝就往刘某身上抽去，边抽边说："这孩子，这么小就学会说谎，老子什么时候打你骂你了？"父亲的又打又骂吓得刘某缩到了墙角，抱着头，很害怕的样子。

覃柳芳看到这一幕惊呆了，她急忙制止："你发什么疯，你是要把孩子打死？你知不知道你的行为违法了！"听到违法两字，刘某父亲才肯把手中的铁丝放下，重新坐到凳子上看电视，好像什么也没有发生一样，只有刘某蹲在墙角哭泣。

刘某父亲说："我虽然没有文化，但我知道自己没犯什么

⊙ 2022年，覃柳芳为企业进行法律培训

法，我打孩子是在教育孩子，我教育自己的孩子也有错？你们管得也太宽了吧！我家不欢迎你，赶紧出去！"

覃柳芳对刘某父亲的行为很生气，她说："我国《未成年人保护法》①第十七条及十五条说得很明白，未成年人的父母或者其他监护人不得虐待、遗弃、非法送养未成年人或者对未成年人实施家庭暴力；未成年人的父母或者其他监护人应当学习家庭教育知识，接受家庭教育指导，创造良好、和睦、文明的家庭环境。这是法律规定的，不是我跟你随便乱说的。"覃柳芳一边说着一边出示了自己的律师证，但是这对他好像没有一点儿威慑作用，他还是跟刚才一样的态度。

覃柳芳继续说："你刚才这种行为就是家庭暴力，这是违法行为，要负法律责任的。"刘某父亲点了一根烟，不紧不慢抽着，说："我打自己孩子关你什么事？她是我的孩子，我想打就打，想骂就骂，谁都管不着！"

覃柳芳感觉自己无法跟刘某父亲沟通，便说："我明天还要去学校看孩子，如果我明天看到孩子身上受伤或者有其他问题，我一定会报警，把你送进牢里，我已经拿到了证据，我是一名律师，我说话算话。"看到覃柳芳这么坚决，刘某父亲终于有一点儿害怕了。

覃柳芳回到家后，脑中闪现的一直是刘某被自己父亲拿着铁丝抽打的画面。天下怎么会有这样的父亲！她实在无法理解，她

---

① 即《中华人民共和国未成年人保护法》，文中简称《未成年人保护法》。

很心疼刘某，决心要为刘某做些什么事情。她走进书房，准备写份意见书。

覃柳芳认为，刘某父母的虐待行为违反了《未成年人保护法》和《中华人民共和国婚姻法》（下文简称《婚姻法》）等法律规定，严重侵害了未成年人的合法权益，十分不利于刘某的健康成长，应向司法部门报案或向社区求助。她想写一份律师意见书交给妇联等单位，希望他们重视这个事情，她还向相关部门反映了昨天到孩子家里看到的情况。后来，在相关单位的调解下，这个问题终于得到了解决，刘某脸上慢慢浮现出久违的笑容。

女律师的侠骨柔情

2007年1月，一个阳光明媚的早上，覃柳芳起得很早，处理好家务后，便去了职工维权中心。覃柳芳走在路上，感觉空气不错。因为今天的工作任务不多，覃柳芳左拐来到一片草丛边停下来。她把头微微往上一抬，闭上眼，感觉自己好久没有这么放松了。一连几个案件，压得她喘不过气来。直到今天，她才把这些案件处理完，而且结果都还不错。她觉得自己处理的案件，基本上都能够按照自己的想法走。但她不觉得这是自己办案水平高，而是相信这个世界是公平的，法律是公正的，这给了她很大的信心和底气，让她无论多难的案件都想去试试。

覃柳芳来到办公室，刚坐下不久，手机铃声响了，她拿起来，听见里边传来一个陌生的声音："喂，您是覃柳芳律师吗？我们有急事需要您的帮助。"

覃柳芳回答："您好，我是覃柳芳，请问您需要什么帮助？"

电话那头说："我从朋友的律师服务联系卡上，看到了您的名字和号码，我就打电话过来了。有件事情需要麻烦您……求求您一定要帮助我们……"对方在电话里越说越激动。电话那头很吵闹，覃柳芳能感受到在电话那头不止一个人，应该有很多人，便让他们根据卡片上的地址来办公室面谈。

不久，一群女孩来到覃柳芳办公室。有的女孩眼睛红红的，好像哭过；有的女孩表现很漠然，看不出任何情绪；而有的女孩火急火燎，气都没顾上喘匀，便一口气说了很多话。有个女孩说到激动处，还哭了起来："如果拿不到我们应拿的血汗钱回家过年，我们可怎么办？"

覃柳芳感觉到这个事情不简单，便让她们慢慢说。为了稳定女孩们的情绪，覃柳芳起身走出办公室找来凳子，让她们坐下，还给每人倒了一杯热水。窗外的阳光从门缝溜进来，把房间照得通亮。覃柳芳看到女孩们情绪稍微缓和了一点儿，就说："你们把这件事从头到尾捋一下，好好说说怎么回事，我才能给你们出主意，帮助你们。"大家都安静下来了。

覃柳芳接着说："你们中谁表达比较清楚，过来跟我说说，你们这个说一句那个说一句，我都不知道要听谁说。所以，我需要你们派一个代表来说这个事情，说完后，大家还有问题的再补充。"

就这样，一个一个女孩过来给覃柳芳说自己的遭遇。

这群年轻女孩共有30多人，她们都是深圳某保健品公司在柳州聘用的促销员，在柳州某超市推销保健品。公司很久没有给她们发工资了。她们找公司在柳州的代理商要钱，代理商不给，还躲了起来，她们已经找代理商找了很久了。

覃柳芳让她们把工资算一下，看公司欠她们多少钱。女孩们把工资表拿出来核对，公司拖欠她们工资高达30多万元。有个姓杨的女孩哭着说："我从三江过来，已经有四个多月分文未得，都没有钱生活了，现在不知道该怎么办。"

另一个女孩附和说："她确实很久没有拿到工资了，她老家在乡下，我们不发工资，她也不好意思向家里要钱。"

小杨想不通，自己每天起早贪黑给超市推销产品，超市一开门就来工作，超市关门了才下班。她每天站在超市门口，看见一个人来到超市，她就会拿着产品上前去推销，说着公司教的解说词，每天要说上百遍上千遍，有时候人多，一直介绍产品，都来不及喝上一口水。每天说话太多导致她口干舌燥，咽喉发炎，有时候甚至一句话都说不出来，痛得难受。自己辛辛苦苦工作了这么久，一分钱都拿不到，这让她感到很委屈。关键现在很久没有发工资，自己没有生活费了，生活十分困难。小杨是从农村出来的，家里还有弟弟妹妹在读书，本以为自己找到这份工作拿到工资，能给家里寄点儿钱，帮助父母分担一点儿压力，谁知道做这个工作不仅钱没拿到，还借了很多钱。她说着说着就哭了起来。

覃柳芳听到这便掏出200元钱不由分说塞到小杨手上，让她先应急。覃柳芳觉得这群女孩很不容易，许多人从农村来到柳州辛辛苦苦工作了这么久，现在却一分钱都没有拿到，用人单位肯定是违反法律的。覃柳芳便对大家说，她一定帮助她们把官司打到底，但需要大家好好配合，她才可能给大家追回血汗钱。

覃柳芳问她们手上有哪些证据，有的女孩从包里掏出一些材料，但都没有相关公司名称，无法构成有效证据材料。除此之外，她们什么都没有了，唯一能够联系的那个代理商又不出现，现在不知道他身藏何处，联系不上。她们也没有跟公司签署合同，无法证明她们跟公司存在雇佣关系。没有证据，维权就很艰难，所以需要大家共同努力把证据都找出来。覃柳芳向大家保证，无论这个案件多难，她都会努力去解决。

女孩们热切的目光中流露出无限的期待，她们也从覃柳芳镇定自若的表情中体验到了律师的凛然正气，她们相信，法律永远保护她们。这个时候的覃柳芳，脑海里闪过的唯一念头，就是要刻不容缓地维护她们的合法权益，帮助她们把该拿到的钱拿回来。

覃柳芳觉得目前最要紧的就是要先把案件的事实和证据了解清楚，她跟着女孩们来到超市了解情况。覃柳芳发现这家超市从外面看规模不大，但货架上摆满了各种各样的货物，也算应有尽有了。超市里有人正拿着货篮在挑选商品，人来人往。

覃柳芳上前向服务员询问这件事情，服务员说不太清楚，并说要问负责人。负责人走了过来，说这件事跟超市无关，这些女孩不是超市雇佣的。代理商梁某也不是超市雇佣的，超市只是借场地给他们进行促销而已。

覃柳芳听完超市负责人的话，并未及时回应，她脑中闪出各项法律条例。她想起前几天为某个案子查资料时看到关于确认双方劳动关系的法律条例，劳动和社会保障部（2008年划入人力资源和社会保障部）不久前颁发的《关于确立劳动关系有关事项的通知》规定，首先是劳动者受用人单位的劳动管理，从事用人单位安排的有报酬的劳动；劳动者提供的劳动是用人单位业务的组成部分等情况属于双方存在劳动关系。其次是工资支付凭证或记录（职工工资发放花名册）、缴纳各项社会保险费的记录；用人单位向劳动者发放的工作证、服务证等能够证明身份的证件；劳动者填写的用人单位招工招聘登记表、报名表等招用记录、考勤等情况也属于双方存在劳动关系的证明。

覃柳芳一想到这，便把他们与超市的雇佣关系进行了一个梳理，认为此次案件中，存在两种雇佣关系：第一是用人单位自己招用人员，安排到商场或超市等经营场所，从事特定商品的促销工作；第二是用人单位安排人员从事促销工作，而且还有考勤记录。

覃柳芳想从这里寻找突破口，便问负责人，女孩们工资由谁支付，是代理商梁某支付还是超市支付。负责人犹豫一下说不是超市支付。从他犹犹豫豫的回答中，覃柳芳知道他在说谎，看来自己态度不强硬，他是不肯说真话的。覃柳芳便询问其中一个女孩第一笔工资由谁发的，女孩不假思索说是超市发的。覃柳芳便提高语调对超市负责人说："如果你们不想承担更大的责任，就把事情如实说出来。"

超市负责人说，深圳公司只通过代理商梁某与促销员打交道，且双方没有签订任何书面协议。也就是说，这批促销员都是代理商梁某找来的，只是借用超市这个地点来推销产品，至于其他情况，深圳那边公司都是直接跟代理商联系，没有通过超市，超市这边也不知道具体情况。女孩也对覃柳芳说，是代理商让她们来这里工作的，没有签订劳动合同，来的时候也没有说推销什么产品，只是说在超市工作。她们和代理商口头约定了工资和提成比率。后来，她们跟超市讨要工资，超市说应该是深圳公司给，而不是他们给。

覃柳芳一看超市负责人还在推卸责任，便有点儿生气，说："你们如果不配合，到时候出现问题所有后果由你们来承担。你自己想想，这群女孩在你们超市促销产品，说明货物进出场所就是你们超市，另外她们的出入都由你们超市记录，她们虽然没有跟超市签订劳动合同，但也跟超市存在劳动关系，而且促销员工资也是由你们超市付的，这就证明了超市与深圳公司存在代工关系，也就是说深圳公司委托超市雇佣员工，由超市支付员工薪水这一法律层面关系，她们拿不到工资，跟你们超市也有关系。"经过这么一分析，超市负责人确实也慌了，便开始配合覃柳芳工作，无论调取什么材料他都不再推三阻四。

但找了很久，覃柳芳也没有找到有力的证据。难道只有把梁某找到才行？唯一的证据在梁某身上？但人都跑了，茫茫人海去哪里找呢？覃柳芳想，超市虽然给员工发了工资，但这个钱也是深圳公司出的。那么，在其他证据都没有的情况下，还得从工资单里找突破口。覃柳芳让超市负责人把所有跟深圳公司的往来账目都找出来。就这样，超市通过几个小时的仔细查找，终于在超市往来账目中，找到了超市代深圳公司支付工资的凭据，这证明了深圳公司与促销员之间存在雇佣关系。这个时候，大家才都舒了一口气。

覃柳芳找到这些证据后，饭都没顾得上吃，便跟超市负责人要了深圳公司的电话号码，打了过去，没有人接。再打过去，还是没有人接。第三次打过去，终于有人接了，但对方说一句"不知道"便挂掉了。覃柳芳感觉这个案件很棘手，只能慢慢来。覃柳芳很严肃地告诉超市负责人："虽然这个案件主要责任在深圳公司，但你们一样也有责任，这段时间要配合我们解决这个问题。"

覃柳芳回到律所后，会同柳州市总工会给深圳公司发去律师函，要求深圳公司支付拖欠的工资。律师函发出去不久，她就收到了深圳公司的回复："我们公司不会支付她们工资的，这件事与我们无关，随便你们怎么告。我们公司从来没有向她们支付过什么工资或者什么款项之类的，就算有，也是别人冒名顶替我们。"

覃柳芳寸步不让："这群女孩虽然由代理商招聘并发放工资。但是，所发放的工资是由你们公司转给超市的，可以说代理商的行为是由你们公司授权进行的促销行为，代理商支付报酬的行为就可以看作是你们公司的行为，超市也只是基于促销协议对她们进行日常的代为管理，是接受你们公司的日常管理。另外，超市可以证明，她们推销产品的收入结算至你们公司账户中，你们公司享有了这群女孩在超市上班期间所提供的劳动成果，她们的工作属于你们公司业务范围。这就可以证明，她们与你们存在劳动关系，你们拖欠工资就是违法行为。"

对方又辩解说："产品没有推销出去，谁知道她们有没有好好工作。而且，她们推销折扣太低，让公司损失了几十万元，损失这些钱就当作赔她们的工资了，公司不追究她们责任就算好的了。"

覃柳芳继续据理力争："在她们销售产品之前，公司是给她们推销方案的，包括产品的价格和推销流程，她们没有擅作主张更改推销方案。《工资支付暂行规定》第十六条规定，因劳动者本人原因给用人单位造成经济损失的，用人单位可按照劳动合同的约定要求其赔偿经济损失。但你们无法证明她们的推销方案是擅自更改的，也没有证据证明你们公司因推销产品具体损失的金额。相反，我从那些女孩那里看到的是她们作为你们公司的员工，按照你们给出的方案来推销，就算公司有损失，也应由你们自己来承担，而不是员工负责。可以说，你们违反了《中华人民共和国劳动法》①相关规定，如果你们说要打官司，我们也不会怕你们。"没等覃柳芳说完，对方就挂了电话。

此后一个多月，覃柳芳多次与深圳公司交涉，并且据理力争。功夫不负有心人，在她与深圳公司的反复博弈之下，深圳公司不得不接受她提出的方案，也就是关于赔付推销员工资的方案。这群女孩终于在春节前如数拿到了本属于自己的劳动报酬。女孩小杨想要把覃柳芳借她的200块钱还回去，覃柳芳知道女孩比自己更需要钱，她说什么都不肯要。看着她们安安心心

———

① 下文简称《劳动法》。

踏上了回家的旅途，覃柳芳感到无比欣慰，她觉得自己所有的努力都值得。

她一直记得师傅跟她说过的话："做律师不要一味追求金钱。律师是凭技术吃饭的职业，只有把自己的办案基本功打扎实了，才能得到当事人的认可。有了当事人的认可、社会的认可，才是自己的价值所在。"覃柳芳一直把师傅的话记在心里，这也是她作为一名律师的正义追求。

2010年6月的一天，阳光从窗外溜进屋里，覃柳芳看了看表，觉得时间还早，便跟丈夫、孩子到楼下吃了一碗面。吃完送孩子去学校后，覃柳芳也来到办公室。她看桌面上有一些灰尘，便拿着盆到卫生间打水，把桌面、板凳、沙发都擦了一遍。刚打扫完卫生不久，电话铃响，她接起电话，里面的声音断断续续的，有些听不清楚。覃柳芳觉得，咨询案件还是要当面沟通，才能把想要了解的问题了解清楚，她就对着电话说："别着急，想要咨询法律相关问题，还得到办公室来当面沟通，您有时间就来我办公室一趟，我的办公室在……"覃柳芳说完便挂了电话。

这个时候，同事敲门，拿着一堆材料放到覃柳芳面前，想要咨询她一些问题。覃柳芳坐下来，仔细把材料看了一遍，表达了自己的意见，还给同事分析了案件的走向。覃柳芳说："处理案件，不要拘泥于书本上的知识和那些条条框框，我们要从对方视角考虑问题，什么样的办案思路对当事人来说最有优势，我们就采取什么样的思路。"同事恍然大悟，点了点头，高兴地走出办公室。

覃柳芳手里的案子也差不多处理结束了，其他未结案的案子，还需要花一些时间进一步探究。她从抽屉里拿出一本书放在桌面上，昨天刚好看到有个问题不太懂，她便翻开书琢磨起来。这时，又有人敲门："请问覃律师在吗？"

"我就是，请进。"覃柳芳回答。进来的是一位老人，拄着拐杖。

覃柳芳见状，急忙上前扶住她，亲切说道："婆婆您小心，请到这边坐。"覃柳芳招呼老人坐下后，拉开电脑下面的抽屉，拿出来一个杯子，倒好热水端过去，问道："您一个人来的吗？"

老人揉了揉眼睛，很久才说出一句话来："我老伴儿去世了，我们养了一个白眼狼。"老人看起来很伤心。覃柳芳随手拿起一张纸给她擦眼泪，安慰她说："有什么困难您尽管跟我们说，我们能帮上忙的，一定会尽力帮忙。"老人的眼泪还是止不住一直流下来。过了许久，老人情绪才平复下来。

老人说："我今年已经70岁了，自己一个人过，我没有自己亲生的孩子。我老伴儿去世没多久，我的财产就被人侵占了。"

覃柳芳问："谁侵占了您的财产？"

老人说："他不是我们亲生的，只是我和老伴儿认养的孩子，凭什么要来侵占我们的财产。"老人说着说着又哭了起来。

覃柳芳安慰老人说："您放心，有什么事我们会尽力帮您解决。"老人情绪这才稳定下来。

覃柳芳继续询问老人才知道，老人姓林，每月退休金只有600多元，生活费都不够。她丈夫去世了，生活比较困难，指望着丈夫留下的财产生活。没想到，由他们抚养长大的继子从未尽赡养义务，却来侵占她的财产，她越想越气不过，就来这里寻求帮助。老人想打官司，但是相关费用很高，老人根本无法承担。对于这类特殊人群，覃柳芳想，无论是从个人感情还是社会道义上来说，都应该要帮这个忙。因此，覃柳芳虽然接了这个案子，但是也没有想过要跟老人谈钱的事情。

老人问："我想打官司，打官司能打赢吗？"

覃柳芳回答说："请您放心，我们会尽力帮您拿到自己该拿的那部分。我国《继承法》①规定，您是可以继承您丈夫留下的财产的，而且您所谓的继子的行为也违反了《继承法》规定，您依法应享有自己丈夫的财产继承权。"

覃柳芳把情况全部了解清楚后，便让老人先回去等着，她对老人说："您就在家等着，这个事情，我们帮您处理。"

老人问："那得多少钱？"

"您不用担心律师费问题，您生活比较困难，我们不收取律师代理费。"覃柳芳回答老人。老人听到不收取费用，这才安心回去，本来老人还担心自己没有钱支付律师费，现在终于放下心来了。

老人走后，覃柳芳又把《继承法》拿出来详细推敲，遗产继承第一顺序是配偶、子女和父母；第二顺序是兄弟姐妹、祖父母和外祖父母。继承开始后，由第一顺序继承人继承，第二顺序继

---

① 即《中华人民共和国继承法》，下文简称《继承法》。

承人不继承。没有第一顺序继承人继承的，由第二顺序继承人继承。《继承法》中的子女包括婚生子女、非婚生子女、养子女和有扶养关系的继子女。虽然不是老人亲生的，但作为继子，如果没有证据表明他未照顾二位老人，尽到继子该尽的责任，在法律意义上也有继承权。

覃柳芳跟老人要了联系方式，找到老人继子。覃柳芳开门见山对他说："按照《继承法》规定，配偶是第一顺序继承人，老人有自己丈夫的财产继承权。"

老人继子说："我作为他们的儿子，我也有继承权，再说我们本来就是一家人，这共同财产没必要分出来给谁或者不给谁。"其实他很聪明，想自己独占财产，就辩解自己没有侵占财产，实际上财产都由他控制着。他甚至觉得老人年龄大了，要这些财产干什么呢？

覃柳芳想了想，便问他："老人说您虽然是继子，但您没有尽赡养义务……"还没有等覃柳芳说完，他就抢着说："谁说我没有赡养他们？平时生活上的很多事情，都是我在打理。尤其继父过世后，前前后后都是我一个人跑上跑下的。"他说话很大声，仿佛受了很大委屈一般。覃柳芳看他这么激动，说什么他也听不进去，只能先告辞了。

覃柳芳回到办公室，又把案件重新梳理了一遍。法律明确规定了老人有继承权，并且是第一顺序继承人。而且在分配财产方面，《继承法》也有以下规定：第一是同一顺序继承人继承遗产的份额，一般应当均等。从这个方面看，老人和继子应该是同等分配；第二是对生活有特殊困难的缺乏劳动能力的继承人，分配遗产时，应当予以照顾。老人年纪比较大，已经没有劳动能力，只有微薄的退休金维持生计，生活比较困难；第三是对被继承人尽了主要扶养义务或者与被继承人共同生活的继承人，分配遗产时，可以多分。老人跟丈夫一直生活在一起，反观继子，老人认为他们之间没有扶养关系，虽然实际上他可能做了不少，但至少从老人口中知道，继子跟他们比较疏远；第四就是有扶养能力和有扶养条件的继承人，不尽扶养义务的，分配遗产时，应当不分或者少分。继承人协商同意，也可以不均等分配。

覃柳芳便把这些事实写成诉状，将继子起诉到法院，请求分割遗产。同时也说服了主审法官，取得了法官的支持。覃柳芳多次找到老人继子，一边把这些情况告诉他，一边向其宣传法律知识，晓之以理，动之以情。最终，该案以两处遗产房屋中一处归老人所有而结案。

"职工律师"

2009年7月的一天，覃柳芳到单位不久，就有11个人来到她的办公室里。覃柳芳让他们坐下，给他们倒水。他们歇了歇气便开口说："覃律师，我们给老板干活儿，可是老板不给我们钱，还威胁我们，说他谁都不怕。我们找不到其他的路，只能来求覃律师您帮忙，您要为我们主持公道！"

覃柳芳见他们这么激动，意识到事态的严重性，便让他们把前因后果仔细说说，还引导他们边说边回忆一些与案件事实符合的相关细节。听他们说完，覃柳芳才知道，这11位农民工在同一天被公司辞退，但他们工作这些年，从未跟公司签订合同，公司也没有给他们缴纳过社会保险。他们被公司辞退了，想让老板赔偿一点儿钱，但老板不给。可以说，公司仗着自身的强势地位，有种天不怕地不怕的感觉，还警告他们说"打官司也不怕你们"。覃柳芳说："没有人敢在法律面前这般嚣张跋扈，每个人都能维护自己应该享有的权利。"

大家说完后，都紧握着拳头，看得出，他们那种愤懑之情久久不散，有的还说些气话，说如果解决不了，他们会怎么做。覃柳芳这个时候也很紧张，她害怕他们会做出傻事来，便从中找出一位代表，单独了解情况。覃柳芳还从法律角度告诉他们要理性维权，要通过司法程序来维护自己的合法权益，不要干傻事。

覃柳芳觉得这11位农民工文化水平有限，也不了解多少法律知识，他们没想到老板会这样对待他们，招工的时候说得好好的，没想到老板变脸这么快。这些工人平时只专心干活儿，也没有留意工作上的相关证据，包括与老板谈话和金钱往来等材料更是没有，这也导致维权诉讼异常艰难。但既然接受了他们的委托，就要尽力而为。公司违反法律在先，只要公司违反法律规定，就一定会留有痕迹，这是她作为一名律师的直觉，只需要耐心去找即可。无论时间多久，她都会坚持到底。

　　覃柳芳接受委托之后，便开始着手寻找证据。她先把《中华人民共和国劳动合同法》（下文简称《劳动合同法》）翻开，第三十条与三十一条写道："用人单位应当按照劳动合同约定和国家规定，向劳动者及时足额支付劳动报酬。""用人单位安排加班的，应当按照国家有关规定向劳动者支付加班费。"这些农民工作为公司员工，首先要拿到自己该拿的工资，还有社会保险，但覃柳芳跟他们聊天过程中，发现公司连社会保险都没有给他们缴纳，更别提其他的了。因此，这主张的第一笔款项，是他们本来就应该拿到的钱。

　　覃柳芳继续往下翻，《劳动合同法》第八十二条写道："用人单位自用工之日起超过一个月不满一年未与劳动者订立书面劳动合同的，应当向劳动者每月支付二倍的工资。"也就是说，公司没有跟他们签订合同，应当每月支付他们二倍工资，这是需要主张的第二笔款项。

　　《劳动合同法》第八十七条写道："用人单位违反本法规定解除或者终止劳动合同的，应当依照本法第四十七条规定的经济补偿标准的二倍向劳动者支付赔偿金。"也就是说，这11个人在不知情的情况下被公司辞退，而不是合同到期。因而，这是为他们主张的第三笔款项。

　　覃柳芳把思路理清，就知道该怎么替他们追回自己应拿到的血汗钱了。但是他们没有签订合同，怎样去突破这个问题才是关键。覃柳芳琢磨了半天，如果从正向找不到突破口，是否可以反向推断，也就是他们为什么没有签合同？肯定不是员工不想签，

⊙ 覃柳芳（左一）在国际禁毒日向群众发放宣传资料

而是老板不给签。这么一想，思路就来了。也就是要给他们主张的第二笔款项：如果因为单位故意拖延不订立劳动合同（包括劳动合同到期后不及时续订劳动合同），造成劳动者工资损失、工伤、医疗等待遇损失的，除依法承担赔偿责任外，同时还要支付25%的额外赔偿费用。劳动行政部门还可以责令用人单位支付赔偿金、对其给予行政处罚等等。

这是公司故意不给员工签合同，不是员工不想签。按照法律规定，公司故意拖延不签合同，员工被辞退除了拿到应该拿到的工资，公司还需要支付25%的额外赔偿费用。覃柳芳到公司找到负责人，负责人态度很强硬，就是不赔偿，还说这11个人根本不是他们员工。公司负责人还表示，如果选择打官司他们也奉陪到底，还威胁覃柳芳要识相一点儿，不要管这个事。覃柳芳看到他们这样的态度，认为也暂时没必要跟他们谈。回到办公室后，便给他们发去了律师函。

覃柳芳明白，要想让公司支付赔偿，只能先把该找到的证据材料找到，这样才能更有底气跟他们谈判。《劳动合同法》还规定，劳动行政部门可以责令用人单位支付赔偿金、给予行政处罚等。覃柳芳到政府相关行政单位报告此事，还向各方征询处理本案的意见。但关键还是要找到证据，也就是如何证明这11个人是该公司职工，即如何证明双方存在劳动关系。覃柳芳想到这里，也觉得很可笑，明明他们是公司员工，却要想方设法去找到他们作为公司员工的证据。

覃柳芳想到业务授权委托书、代签的业务合同、出勤记录表、各种聊天记录、进出用人单位的门卡、饭卡、工资条、工作服、暂住证、评定员工等级证明、表彰或处罚决定等这些都可以证明他们与公司存在劳动关系。覃柳芳急忙把这11个人的代表叫到办公室，问他们是否有这些证明。但让她失望的是，没能从他们身上找到证据。覃柳芳让他们回去找找看，比如跟他们关系好的还在公司上班的那些员工，看看哪个地方还留有他们工作的痕迹，都可以拿来作为证据材料。覃柳芳觉得工作证、工资发放记录、出勤卡、工作服等基本的证据应该是有的，但是找不到，她也比较苦恼。

后来，这个案件因为证据原因停了一年多，没有什么进展。覃柳芳只能寻找各种突破口，到银行查看工资转账记录以及公司转账记录，还到政府相关行政部门取证。其间，那11名农民工也拿到了自己在公司上班的一些证据，但公司却说，他们拿到的证明盖的印章比较模糊，不能成为证据。覃柳芳知道这是他们的借口，虽然印章的字迹比较模糊，但总体上还是可以辨认出来是公司名字。总之，这期间覃柳芳不辞辛苦地暗访这家公司员工，变换各种身份与他们聊天；也以职工团副团长的身份拜访当地政府相关部门，了解公司情况；还跟当事职工到家里寻找那些与公司有关的信息。

功夫不负有心人，覃柳芳从该公司员工那里拿到一些与案件相关的工作证和打卡记录，借助政府相关部门拿到该公司的转账记录，并从这11个人身上找到该公司与他们往来的相关信息记录，这些都能够充分证明他们与公司存在劳动关系。最终，在这些证据面前，该公司想赖也赖不掉，只能同意赔偿。

最终，覃柳芳经过两年多的努力，帮助这11位农民工讨回了血汗钱，公司为他们补缴了社会保险，还支付了每人8万多元的赔偿金，他们的合法权益终于得到了维护。花费两年多的时间了结了该案，其中的辛酸苦楚，只有覃柳芳自己知道。这个案件也让她终生难忘，但她同时也明白，正义终究会来，邪不胜正。

2007年12月，覃柳芳还处理过类似的案子：一个从柳城县来的农民工李某某，在工地刚刚上班一个星期，就被工地上的设备砸伤了脚。他也是被包工头私自找来做工的，没有经过相关安全培训也没有做好安全防护，导致他在工作过程中发生了安全事故。事情发生后，包工头只把他送到医院，垫付了医药费，就再也不管了。李某某家人去找包工头，他却消失不见了，怎么找都找不到。看得出来，整个工地管理非常混乱。

李某某找到覃柳芳说要打官司，但覃柳芳觉得以他现在的收入，请律师压力过大，也没有必要，还不如申请法律援助，可他的条件又不符合，而且存在败诉风险。他没有和老板签订劳动合同，只工作了一个星期，连工资单都没有。如果提起诉讼，肯定会因为证据不足而导致败诉，甚至压根无法立案。覃柳芳建议他向安监局①反映问题。根据他的情况，覃柳芳从法律层面给了他一些建议，他带着这些建议找到安监局，由安监局出面介入处理。最后，这件事情也得到了圆满解决。

---

① 全称为安全生产监督管理局。

覃柳芳觉得作为一名律师，无论谁找到律所，找到她，她都要从头至尾对案件负责。办案不能只注重一个开头仪式，而忽略掉中间的过程和结尾部分，而是要将精细的办案技巧贯穿到整个案件当中去。覃柳芳经常用自己的专业知识引导当事人通过不同方式和途径解决自己的问题。她总是站在当事人的立场，为他们出谋划策，为他们提供最优质的服务。正是在她和团队的其他律师不懈努力下，他们的团队在社会上获得了良好的口碑，被大家称为"职工律师团"。

柳州是一座因工人而生、也因工人而盛的城市，城市工商业发展迅速。2000年前后，柳州市为了适应市场经济结构的调整，进行了企业改革，将大批国有制企业和集体企业改制成私有制企业，因为此次改革涉及的企业广，职工多，尤其对国企的改革，留下了很多需要及时解决的问题。如何处理这些问题，通过什么样的方式来处理，都关系到社会的稳定。覃柳芳作为一名律师，积极帮助职工捍卫自己的权益。但职工人数多，事情来得突然，涉及相关单位比较复杂，有些案件处理起来比较困难。覃柳芳明白，处理这类案件的时候，首要的工作是安抚工人情绪。

2005年春，柳州市某公司改制后长期拖欠职工"三金"及工资，引起职工们不满。职工们将公司的大门口封了起来，职工们和公司代表剑拔弩张，随时有可能发生冲突事件。市总工会委托覃柳芳来处理这个事情。这个事情处理起来难度比较大，需要一定时间。覃柳芳马不停蹄来到涉事公司，本来是上班时间，但大家都没有在车间，而是聚集在楼下把公司大门围得水泄不通，有的职工堵在领导办公室大门处，有的还骂骂咧咧的，情绪很激动。

覃柳芳走到公司门口，被一些人堵住，当她说明来意后，有位职工喊了一声："覃柳芳来了！"听到这句话，楼上不少人跑了下来，里三层外三层围住了她。现场人太多，太吵，压过覃柳芳说话的声音，她嗓子都喊哑了。覃柳芳挥动双手示意大家安静下来，可是根本没有用。她突然听到人群中一个声音喊道：

"如果公司不给我们应得的钱，谁也别想离开公司！"一个身形矮胖的人在调动大家不满的情绪。

"对，对……不给我们钱，我们就把大门锁了，谁也别想出门……"另一个人叫喊着。

"大家先安静下来，不要做傻事，有什么诉求，我们去跟公司负责人谈判。"覃柳芳安慰大家。但他们并不买账，有的人说道："我们是不会跟公司谈判的，这本来就是我们该拿的钱，有什么好谈的……"

"如果拿不到钱，谁都别想好。"这句话是从二楼传来的，说话人就坐在过道上，他似乎想以一种极端的方式来维权。

这个时候，覃柳芳也很紧张，她明白如果自己处理不当，很有可能出现流血事件。她去找职工代表，向他们承诺，一定会帮他们拿到自己应得的利益。覃柳芳说出这句话后，喧闹的人群才开始安静下来。覃柳芳觉得在这样矛盾尖锐的情况下，首要任务是先做职工工作，让他们意识到理性维权的重要性，而不是一时意气用事，做出无法挽回的事情来。于是，她深入企业疏导职工情绪，引导职工依法维权，理性维权，"围、堵、闹"并不能解决问题。

覃柳芳为了给职工争取合法权益，多次深入企业了解情况，搜集证据。在与职工谈话过程中，及时将他们的现实需求记录下来，根据公司存在的问题和相关法律梳理出书面法律意见书。她积极为职工呼吁和争取合法利益，提请公司尽快解决拖欠职工工资及"三金"问题。后来，法律意见书也为市总工会帮助解决职工涉法事务提供了有力的法律支持。最终，2006年，在柳州市政府的协调下，公司支付了所拖欠的全部职工工资，并陆续补缴拖欠的保险费用。覃柳芳前后奔波了一年，案件得到了圆满的解决。可以说，覃柳芳在处理这类案件时，做到了创新性利用和解读相关法律知识解决案件。

还有一个让覃柳芳印象比较深刻的案件。2016年，她正在市总工会值班，接到一个电话，对方称自己姓赵，在工作期间受伤，他希望得到工伤认定并获得赔偿，但单位不认可。而且原单位已经变更为其他公司了，他担心自己拿不到钱。大家都说职工有事情就找覃柳芳律师，所以他就打了这个电话，希望能把自己的钱拿回来。他说着说着哽咽了起来。

覃柳芳安慰他说："先不要哭，您先来我办公室，我们先了解一下情况，如果是单位违反法律法规，无论多久我都会帮您讨回血汗钱。"覃柳芳详细告知了地址便挂了电话。

不久，那人就来到覃柳芳办公室。覃柳芳经过一番询问，才知道整件事情的来龙去脉。

赵某于2009年6月15日在某薄板件分厂工作时受伤，他受伤后，单位第一时间把他送到医院住院治疗，也垫付了医疗费用。由于伤情严重，他在医院躺了一段时间才康复。出院后，他觉得自己应该享受工伤待遇，便多次咨询单位领导，要求领取相关工伤赔偿。单位一直在推脱，说都帮忙交医疗费了，单位已经尽力了，意思就是单位已经很照顾他了。后来，他才知道单位并没有给自己申报工伤，导致他享受不到工伤待遇。单位之所以没有给他申报，是因为单位领导出于私心，担心违反安全生产规定被扣分降级，故而瞒报工伤，导致他长期未享受工伤待遇。现在比较棘手的是，原单位已经变更成为其他公司。

覃柳芳觉得这个案件比较难。首先是案件时间比较长，收集证据不容易；其次是单位已经变更了，处理起来比较困难；最后是案件处理起来会涉及很多单位，关系比较复杂。覃柳芳一直在思考着要不要接，如果接了如何处理等问题。覃柳芳想到他工作不容易，如果自己不帮忙，可能没有其他律师肯帮忙。又想到他是慕名前来的，无论如何她都要把这件事处理好。

覃柳芳看完相关材料后，认为赵某及其家人可以根据法律规定一年内（最后申报日期2010年6月15日）向当地社保部门提出工伤认定申请，但他们没有及时申请。时间过了，他无法再要求社会保险行政部门进行工伤认定，便无法享受应当由社保部门支付的相应工伤待遇。覃柳芳对材料进行分析后认为，工伤待遇一事，明显是单位未按法律规定为其申报工伤认定。这样，打官司时也比较清楚，赵某虽然错过了申报时间，但这并不是他的过错，而是由于单位没有给他办理。然而，如果提起工伤赔偿诉讼，7年前的工伤，直接申诉至劳动仲裁、法院主张赔偿，会面临时效的风险和复杂的诉讼程序，最后就算千辛万苦走下来，也不一定能得到满意的结果。她意识到该案无法通过诉讼解决问题，需要找另外的路才能走通。

覃柳芳拉开抽屉，拿了一支笔，开始写律师建议书，恳请工会出面协调，促使用人单位与赵某双方协商解决问题，这样事情才能在最短的时间内解决。时间拖得越久，对双方越没有好处。市总工会也通过跟企业对接，启动员工维权"六方协商机制处理方案"。两名来自柳州市正泰和律师事务所的签约律师开始在这里帮助职工维权，成为名副其实的"职工律师"。"六方协商机制"于2014年创立，柳州市正泰和律师事务所主导企业工会律师创立了这个机制。因此，覃柳芳组织公司工会、员工维权律师、人力资源部、法律事务部、健康安全环保部等有关用人单位到场，一起协商该公司未及时为赵某申报工伤一案事宜。经过大家努力，赵某终于在7年后拿到了工伤赔偿。

可以说，覃柳芳将案件处理得非常好，她能够针对不同案件特点及时选用不同的解决方案，职工的权益在诉前得到了及时的维护，避免了法律风险，缩短了维权时间，节约了维权成本。

覃柳芳觉得"六方协商机制"对于化解劳动争议非常有利，对一些疑难案件的处理非常有效。有时候，双方之所以能走到打官司的地步，是因为没有一个可以坐下来商谈的机会，而这个机制就可以让大家坐下来谈，双方互退一步，很多案件便能完美解决。"六方协商机制"方案的提出是开创性的，它使各方利益都得到了维护。

这一机制在后来协调案件中也起到了关键作用。覃柳芳清楚地记得，2021年6月21日，她正在办公室整理材料，突然一个人敲门问："请问您是覃柳芳律师吗？"

覃柳芳说："是的，我就是覃柳芳，请问您有什么问题需要咨询吗？"

覃柳芳看着那人弓着身子进门来，身上穿着一件很旧的中山装，动作很利索，疲惫的脸上充满了愤怒。一走到覃柳芳面前，他就大声说道："覃律师，那些人太坏了，他们怎么能这样做呢？我好歹也努力工作了很多年，没有功劳也有苦劳。您可得帮帮我啊！"

覃柳芳把凳子拉出来请他坐下，倒了一杯热水，让他先平复一下情绪。之后拿了笔记本和钢笔放在桌上，便开始问："您需要我们帮您解决什么问题？"

他说："我要起诉我的公司，随便他们做什么，我都不怕。"

覃柳芳用温和的语气继续问："要起诉什么事情？把事情经过跟我们好好说说，我们才能根据相关情况研判怎么解决。"他这才慢慢说出了自己的经历。

求助者姓谭，现年61岁，身份证上却只有47岁，他的身份证年龄被父母登记错了，家里的出生证明和邻居都可以为他作证。按照实际年龄，他已经到退休年龄了，他想要退休，但是单位不让他退，说他没到退休年龄。

覃柳芳说："我国法定男性退休年龄为60岁，按照身份证来看，您还需要工作十多年才能退休，确实不符合退休年龄规定。"

谭某说："我知道根据身份证我无法退休，但是按照我的实际年龄，我已经达到了退休年龄。而且我的身体现在越来越差，根本无法胜任工作。"

覃柳芳问："您怎么跟公司协商这件事情的？"

"为了自己能够顺利退休，我与公司签订了一份职工旷工书面材料，单位要跟我签解除劳动关系合同，说我没有来上班，把我开除了，而且只给了我一点儿赔偿。我觉得赔偿不合理，就没有接受。实际上我每天都来上班。并且那个旷工协议，是他们让我写的。"

覃柳芳经过一番调查，发现谭某确实一直在上班，也有视频为证。谭某认为自己并未旷工，是被迫签署旷工协议的，并且现在自己不同意旷工协议及补偿，便来市职工工会寻求帮助。

覃柳芳接访后，即刻建议工会领导调查案件事实，并提出自己的律师意见，认为公司人力资源部门此做法有违反法律规定的地方，在没有基础旷工事实的情况下为了达到减少支付经济补偿金的目的而动员职工在违背真实意思表示下签署书面材料，如果今后涉及诉讼，不但影响公司诚信，引发公司违法成本增加，且造成职工不满情绪缠访缠诉，会对该公司产生不利影响。

工会听取律师意见后，多次与职工进行沟通，迅速启动"六方协商机制"，通知公司党委、行政方、工会方、律师方等六方到场召开现场会议，协商解决处理方案。同时工会委托覃柳芳参加六方协商会议，会上提出的意见得到各部门认同，最终谭某与公司协商解除劳动合同，公司依法补偿6万元给谭某，这件事就此也得到圆满解决。

覃柳芳办案能力出众，得到了大家肯定。为此，她还被派往诸如建筑公司、商机厂、啤酒厂、食品厂等单位处理一些劳动争议群体事件。她从入职到现在，处理过大大小小的案件总共7000多件，涉及职工9万余人。她在其中总结办案技巧，一方面反复向职工宣传政策法规，想方设法平息职工群众的情绪；另一方面与市有关部门共同做好企业方的工作，从中找出妥善解决的方法。覃柳芳也不负众望，经过努力，使得95%以上她经手的案件得到解决和控制，既维护了职工的合法权益，也稳定了社会秩序。

第五章　人生的价值

法律下乡

2000年前后，柳州市很多企业面临着改制问题。随着市场经济的蓬勃发展，柳州本土出现了许多国有企业、集体企业和民营企业。企业在改制过程中涉及职工安置、职工工资、职工经济补偿等问题。企业改制浪潮一浪高于一浪，在一批批国有企业相继改成股份制进程中，劳动争议纠纷也就随之产生了。对柳州人来说，工业发展与柳州发展息息相关。工业支撑着这座城市，铸就了这座城市的辉煌。而在这些辉煌的背后，则是百万产业工人大军在默默奋战，他们用辛勤的汗水铸就了工匠精神与工业辉煌，为龙城的工业发展史留下了不可磨灭的印记。

覃柳芳意识到，柳州这样一座工业城市，因工人而生，也因工人而盛。作为律师，她应该负起责任，积极为职工维权，去捍卫城市的工业文化和工人权益。工人的职责是生产，律师的职责就是为需要帮助的工人解忧，让他们感受到柳州这座工业城市的温度。作为律师，要用法律的盾牌为他们遮风挡雨，这便是作为一位有社会责任感的律师的职责。

覃柳芳长期关心基层职工的权利，积极为他们发声。2005年，经柳州市总工会推荐，覃柳芳成为柳州市总工会"职工律师团"的一员，担任副团长。担任这个职务，让她深感组织与职工的关怀、信任的同时，也让她感受到了责任的空前重大，激起了她更高的追求。覃柳芳开始将精力聚焦于为职工维权的问题上，她打印了自己的名片，上面印着"愿律师成为您的朋友""柳州市律师法律服务联系卡"等字样，方便有困难的职工联系自己。

覃柳芳当选律师团副团长后，不仅要做好本职工作，还要带领律师团参加各种工会活动，也包括各种休闲活动，这样劳逸结合，能够调节工作时紧张的情绪，有利于更好地工作。于是，她带领大家参加了丰富多样的集体活动，大家的精神面貌焕然一新。她还积极参与各种宣传活动，希望能帮助到更多人。

覃柳芳积极为工人争取利益得到了大家的肯定，2009年，她受聘担当人民调解员。覃柳芳很喜欢调解员这个身份，有了这个身份意味着她能够帮助到更多人，她觉得这样能够实现自己人生最大的价值。覃柳芳思工人们之所思，解工人们之忧，助工人们之困，这也成为她的职业理想。

也是从这个时候开始，覃柳芳认为自己作为一名老律师、新党员，要恪守"服务人民，奉献社会"的承诺，她坚持参与社会公益活动，积极带领所里党员律师参加公益活动。凭着自己在柳州市律师界的名气，本来可以接很多赚钱的案子，但是她并没有这样做，而是把更多的精力放到为妇女、儿童免费提供法律咨询服务上来。她每周固定到市妇联坐班，努力为那些追讨抚养费、遭受家庭暴力的弱势妇女及儿童提供及时的法律咨询意见。她为妇女和儿童等弱势群体所做的工作，成绩有目共睹，找她办案的

⊙ 2009年3月，覃柳芳（前排左二）受聘担任人民调解员

人络绎不绝。她也帮人办理了很多案件，如遗产继承、离婚财产分割、追索抚养费等等。她还特别关注困难女职工合法权益的维护，积极参与精准扶贫，为村民们排忧解难。

覃柳芳带领律师们积极捐款10000余元，为柳州市融水县汪洞乡八洞村援建涵洞桥伸出援助之手，为贫困山村解了燃眉之急；她还积极参加"一村（社区）一顾问"工作，与融安县大良镇永安村、大良村、山口村、大良社区、石门村等村（社区）签署了法律顾问协议。一年中，她不畏路途遥远艰辛，数次来到村屯开展法律宣传活动，参与化解纠纷工作，为村（社区）干部事务的管理、合同的审查和决策提供法律意见。

覃柳芳想广大村民心中所想，解其心中所急，积极为他们排忧解难，受到了村民们的信任。对于村民们来说，得到覃柳芳这么多的帮助，他们没有什么能力来回报她，便制作了感谢牌匾，以表达自己心中的谢意。

2019年，广西首个地市级劳专委成立，即柳州律协劳动与社会保障专业委员会，由覃柳芳分管，并对该委工作进行定期检查和监督。覃柳芳分管柳州律协劳动与社会保障专业委员会期间，先后为两位六级伤残女职工历经一年多艰难的诉讼，分别追回伤残补助金64039元、66234元。从缩短维权时间及节约维权成本的角度出发立案后，一个月内，她以仲裁调解的方式，为单亲家庭女清洁工潘某某，向公司依法追回经济补偿金等20000元。

覃柳芳在办理案件时发现，很多家庭妇女和儿童经常因经济或身体条件原因失去维护自身合法权益的机会，覃柳芳坚持从办理案件入手，切实有效地维护弱势群体权益。在办理这类案件时，她勤勉尽责，不畏权势，不计个人得失，争取各方组织的支持，努力使每一位受援者的利益都能最大限度地得到实现。但覃柳芳也从这些案件中发现，该类案件经常是由一些鸡毛蒜皮的小事引起的，人们经常为一时冲动或是争一口气而对簿公堂，这是一件很悲哀的事情，说到底还是法律意识淡薄造成的。

因而，覃柳芳积极参与市妇联等机构每年举行的大型法律普及活动，积极参与市妇联组织到柳江穿山、柳城等地的法律服务下乡活动，为广大的农村妇女输送法律知识，并在现场向她们发放《婚姻法》《中华人民共和国妇女权益保障法》《劳动合同法》等法律法规手册20000余册。她先后接待妇女上千人次，向她们宣传法律知识，使她们能自主维权，依法维权，选择最便捷的途径维权。

覃柳芳就当前农村和边远山区存在的男女不平等现象的问题、青少年犯罪率高的社会问题和第三者插足引发夫妻矛盾的家庭暴力致妇女儿童在离婚案件中仍处于弱势地位等问题建言献策。为了让相关工作有法律政策支持，同时为更好地保障妇女儿童合法权益及协助妇联履行好自己的职责，覃柳芳常常与法律保障部就典型案例进行研讨，对相关政策提出自己的意见，解决了基层部门工作中遇到的一些困惑，赢得了大家的一致好评。她的努力得到了大家认可，因而她在2018年10月被推选为劳模代表参加了广西壮族自治区成立60周年庆祝大会，这份荣誉让她感觉自

⊙ 扶贫点的村民给覃柳芳（右三）所在协会送来感谢牌匾

己肩上的担子更重了。她执业以来，始终牢记人民律师为人民的服务宗旨，竭尽全力维护广大人民的合法权益。

用法律构建美好生活

覃柳芳在办理案件中逐渐发现，若要让更多的人享受到律师专业的法律服务，光靠一个人单打独斗是远远不够的，需要更多的律师加入进来。为此，覃柳芳每天到律所上班，或者到市总工会值班，或者利用出去学习的机会，对大家宣传为社会弱势群体提供法律帮助的社会意义和个人价值实现的意义，她希望能够联合有关政府部门为保障人民权益创造更好的条件，希望大家能够积极加入维权团体当中来。刚开始，大家也在观望，担心免收代理费会影响自己经济收入。覃柳芳对此也能理解，她觉得只有自己先以身垂范，才能带动更多人加入。

最初，只有覃柳芳所在律所的同事们参与进来。因此，只要一找到机会，不论人家是否有兴趣，她都会积极去争取。她作为柳州市妇女儿童维权律师团的一员，跟律师团成员一起号召全柳州市热心维护妇女儿童合法权益的律师积极加入律师团中来。慢慢地，大家也为她追求社会正义的精神所感动，加入进来的人也越来越多，律师团成员逐渐从3名发展到20余名，再从20余名发展到100余名。

覃柳芳心想，律师团创办的初衷就是为帮助更多人，律师们都应该利用专业知识为儿童、妇女和工人服务。因此，律师团一有空就会到企业、工地和学校服务。

覃柳芳每次出门学习或参加会议回来，都会及时把所见所闻以及关于保障社会弱势群体利益的办法或建议整理出来，联合职工律师团一起讨论，建立普遍来访咨询制度。制度主要以固定坐班、热线电话连接、网络平台信息交流三种形式组成。这样，就扩大了服务范围，也能通过这种形式宣传普及法律知识，提高人民群众学习和运用法律的意识和能力，让更多的人能自主维权，依法维权，选择最便捷的维权途径。

覃柳芳还参与创建了劳动纠纷法律援助制度、工会涉法事务服务制度。她积极与市总工会五菱工会、柳工工会等10家企业工会协作，推动成立法律服务律师站，在律师站坚持每周值班并接待来访职工，带领律师团队建立了独具特色的维权制度和维权模式。律师团帮助很多妇女、儿童和职工打官司，都是以免收代理费代理、法律援助代理、优惠收费代理的形式进行的。

律师团成立5年时，共有7名专职律师参与轮流值班，从原来2005年的每月一个半天到2008年的每周一个半天，再到2010年实行常设律师点，累计接待来访咨询职工12451人次，共6089件（包括接待来访咨询农民工3950人，共1860件）。涉及案件类型有劳动合同、单位欠缴社会保险、工伤赔偿、解除劳动合同经济补偿金、离婚纠纷、家庭财产继承、工程款纠纷、追讨抚养费、合伙纠纷等。先后共指派7名律师办理各类法律援助案件442件，其中

⊙ 覃柳芳作为副会长在柳州市律协未成年人保护委员会2018年第一次全体会议上讲话

2009年10月至2010年10月共办理案件85件。案件的办理类型也由单一的劳动争议案件，扩大到民事等领域案件。如今，十多年过去了，覃柳芳仍然希望增加法律援助办案数量，让更多社会弱势群体享受到职工律师的专业法律服务。因为有专业律师代理，各类通过调解、裁决、判决结案的案件，均确保胜诉率达到98%。但覃柳芳明白，要想让更多人的利益得到保障，一定要建立权益保障制度，她便联合律师团成员一起为市总工会涉法业务提供了大量的律师建议和律师意见，为市总工会提供了切实有效的法律业务支持。

从入职以来到现在，覃柳芳参加和举办的法律会议数不胜数，她积极为政府建言献策，比如她在柳州市总工会、柳州市司法局、柳州市律师协会的指导下，负责的首届柳州市劳动关系法规论坛于2020年12月举办，来自工会、法院、仲裁、司法及律师行业的各界劳动法律专家律师代表共56人参会，大家一起探讨法律法规，传递政策信息，研判探讨劳动领域变化发展与应对。2020年，开展了主题为"新形势下劳动仲裁、诉讼的挑战与变革"的圆桌讨论，律师们与工会、司法、法院、仲裁行业的嘉宾就当前劳动领域实践中存在的多个重点问题及新冠疫情后的政策变化进行了长时间的充分交流分享，希望能够加大保障广大人民的权益。2021年，该论坛影响力持续扩大，来自全市工会、法院、仲裁、司法及律师行业的各界劳动法律专家律师代表共90人参加会议。

从业以来，覃柳芳组织起草的合同及律师意见书100多篇。比

⊙ 2021年3月，覃柳芳（右二）参加柳州市律师协会工会联合会第三次会员代表大会并当选新一届工会联合会主席

如2005年，为了让柳州市总工会帮扶中心职介所的服务更规范，避免引起不必要的法律纷争，起草、提供了居间合同、家庭服务合同等合同范本。2006年，受柳州市总工会委托，有针对性地对柳州市职工之家项目委托协议书提出补充、修改意见并制作法律意见书。2007年，针对柳州市劳动人事争议仲裁委为规范劳动争议案件审理程序，出台的若干规定，出具了律师意见书。针对2008年1月1日施行的《劳动合同法》不适用于当前案情而出现新的法律问题出具律师意见。2010年1月，因市文化宫此前建设"娱乐城"而遗留的欠款问题，覃柳芳与市总工会领导及法律部工作人员商讨，就市文化宫是否有承担材料商债务的责任，市总工会律师团当场提出"法院的生效判决书并未认定文化宫承担责任，债务与文化宫无关"的律师意见。2010年5月至6月，为市总工会新建办公楼起草、修改《影像器材采购安装合同》《办公家具买卖合同》等合同。还多次就《劳动合同法》实施前出现的工龄归零问题，商讨如何为职工维权。《劳动合同法》增加了用人单位的违法成本，部分用人单位刻意规避法律，从而出现"隐性侵权"行为，侵害了部分职工的合法权益，为此，2008年4月，市总工会会同法律部工作人员针对"隐性侵权"进行了专题研讨。

覃柳芳也经常组织执业经验丰富的律师会同市总工会领导当场"会诊"上访职工的"疑难杂症"案件，给来访求助职工提供律师意见，向职工宣传法律知识，告知来访职工应合法、合理上访，寻求最佳维权途径。对存在缠诉、缠访现象的职工，也向其宣传法律知识，正确指出其缠诉、缠访错误行为，做好思想工作，建议息访、息诉。从2008年6月至2010年10月，共34次（其中2009年10月至2010年10月12次）参与市总工会组织的困难职工大接访活动，接待处理上访职工案件245批，涉及2680人。如2008年当场解答处理某公司停产搬迁劳动关系遗留问题；2009年当场解答处理原柳州市某集团公司职工住房问题；2010年7月解答市制鞋厂女工李某3人代表300多名职工，因政府建设"金沙角"项目，厂属拆迁范围，厂领导在分配拆迁补偿款方面未经职工代表大会讨论问题等。原市汽车底盘厂职工马某某，1992年进厂，1999年被工厂辞退，多年来未向厂里主张权利，现向改制后单位主张当时违法解除劳动合同应给予的待遇，单位不同意其主张，为此他多次到各部门上访。2010年6月至9月，覃柳芳经调查了解全部事实后，认为马某某的权利主张已超过《劳动法》规定的申诉时效，明确告知其权利的主张已过申诉时效且单位不同意，已无法再主张权利，建议理性息访、息讼。

覃柳芳还利用专业优势，充分发挥律师作为疏导和解决社会矛盾的"调节器""减压阀"的作用，与市总工会领导、法律部的工作人员共同参与了51个职工群体性事件的处理，涉及职工上万人。他们在参与群体性事件处理的同时，根据实际情况及时向市总工会出具法律意见书，为市总工会在处理问题时提供了专业的律师意见，有效避免了职工与企业矛盾的激化。

覃柳芳尤其注重加强与工会、人大、司法、妇联等机构法律部门的沟通、交流、联系。通过办理案件，特别是疑难案件，交流、讨论及协作，力求定性准确，保证质量。如邱某公司10位职

⊙ 2022年5月，覃柳芳受聘自治区侨联法律顾问委员会委员并在座谈会上
发言

工，因为举证难，适用举证责任倒置法律原则在劳动仲裁庭受阻，他们通过市总工会的绿色通道，与劳动仲裁机构协调，最大限度地维护了职工利益；如针对劳动仲裁超过《中华人民共和国劳动争议调解仲裁法》规定的45天不裁决的及经延期仍超过15天逾期裁决的情况，及时向市总工会反映，由市总工会出面协调，依法尽快裁决，缩短了职工的维权时间，减少了维权成本；再如王某某、蓝某某追索赔偿社会保险损失民事案，办案律师意识到该案可能会因广西壮族自治区最高法院下发的"桂高法〔2003〕180号"通知面临不予受理的风险，覃柳芳及时借助人大监督司法部门依法办案的力量，争取人大的关注，使该案件因人大的关注在中级人民法院得到了重视。

律师团努力为职工群众提供法律服务，获得了职工群众的好评和认可。许多职工到市总工会指名要求得到职工律师的服务和帮助，甚至有的职工为了向职工律师咨询，周三一大早就到柳州市总工会职工维权中心等待。覃柳芳因为工作出色，于2021年当选柳州市律师协会工会联合会主席。

职工律师团维权事迹多次在报刊媒体刊登播出，覃柳芳两次被广西壮族自治区总工会提名参加全国总工会、司法部和中华全国律师协会联合举办的全国维护职工权益杰出律师评选活动，并获得第三届全国维护职工权益杰出律师称号，被授予广西五一劳动奖章，2021年10月当选柳州市第十三届政协委员，2022年5月受聘自治区侨联法律顾问委员会委员。

为了充分发挥作为自治区侨联法律顾问委员会委员的作用，

覃柳芳以律师之姿，站在职工的立场，以为职工解困保民生、助力营商环境更加优化为目的，向柳州市政协提交了关于解决破产企业职工社保滞纳金问题的提案建议。据统计，柳州市2021年度审结的破产和强制清算案件104件，涉及职工2545名，均存在破产企业欠缴职工社保及滞纳金的现象。比社保被欠缴更为严重的问题是，职工为了恢复社保的正常使用，往往还需要清偿因破产企业欠缴社保而产生的滞纳金，这对破产企业原职工来说无疑是雪上加霜。企业破产后，职工收入中断，加上社保被欠缴，而由此产生的滞纳金也要由职工负担，这些情况都会使职工的家庭经济状况进一步恶化，影响社会的稳定性。根据《全国法院破产审判工作会议纪要》第27条"破产程序中要依法妥善处理劳动关系，推动完善职工欠薪保障机制，依法保护职工生存权"的规定，覃柳芳提案解决破产企业职工的社保滞纳金的建议，为职工切实解决难题。

覃柳芳带领律所律师办理的8件企业破产案件，在为柳州市"僵尸企业"出清、人民群众安居乐业提供良好的后勤保障方面做了大量细致的工作。如在柳州市某科技有限公司破产清算案中，她作为破产案件的二级管理人，大胆采用整体拍卖、多项财产一并拍卖相结合的模式，将评估为6000多万的资产，溢价1000多万拍卖成交。此举最大限度地实现了破产企业财产价值的最大化，盘活了破产企业的土地、设备等资源，进一步释放了地方经济活力，为优化营商环境提供了有力支持。同时，也使该公司181名职工的职工债权得到100%清偿，让因企业停产多年而未领取工资的职工们在春节前领取了工资，高高兴兴地回家过年，有效地预防了职工群体维权闹访的现象，维护了社会稳定。

除此之外，律师团成员团结一致，在创新职工文明维权法律服务中也取得了一定成绩。

2021年1月，在柳州市总工会牵头下，柳工工会、柳钢工会、柳微工会、中小企业工会联合会、柳江区新兴工业园、广汽工会、柳南区工会七家企业或工会与广西正泰和律师事务所、广西和清律师事务所签订《柳州市总工会法律服务律师点法律顾问聘用协议》购买工会法律服务，选派律师参与、指导、协助基层工会组织开展法律维权服务工作。该工作模式已连续开展，最长的14年、最短的6年。两家律师事务所分别安排了龙凤麟、覃柳芳、李焕杰、胡立军、李庆誉、龙晓雪、钟国存等12名专业律师为城区工会、企业工会服务，通过每月两次的定点值班、培训、下车间、下企业、集体合同协商签订等形式，以"工会+律师"模式，协调企业、工会、职工三方关系，为工会在依法履职维护职工，特别是维护困难职工、农民工权益方面给予了强有力的法律支持。

2021年，职工律师团的6名律师采取轮流值班的形式，积极做好市总工会领导"智囊团""解压阀"，为各类"疑难杂症"等信访案件"答疑解惑"。

2021年1月，职工律师团按照国务院、自治区下发的文件要求，结合柳州市企业及经营实际情况，就新冠疫情防控期间企业经营管理及用工制度制定《疫情防控期间（职工留守）企业管理及用工规范》，提供给柳州市企业合理安排职工就地过年用工形式加以借鉴，确保留守职工能安心过年，为柳州市过节期间营造和谐劳动关系起到积极作用。

2021年2月，受柳州市总工会委托，律师团安排职工律师覃柳芳、何盼盼就柳州市总工会"关于荣军路东三巷132号土地的问题""关于文惠路79号301室房屋的问题"出具律师意见，为市总工会就房屋、土地的处理明确了方向。

2021年6月，广西正泰和律师事务所、广西和清律师事务所、广西辩维律师事务所的13名律师分别组成6个小分队参加了此次活动，不间断地深入到广西建工集团第五建筑工程有限责任公司工会、广西建工集团第三建筑工程有限责任公司工会、广西建工集团第二安装建设有限公司工会、广西科技大学工会、柳州城市职业学院工会、柳州职业技术学院工会的工地中和学校中，通过"工会+企业+律师"的举措，以有奖法律知识问答、培训、现场法律咨询等接地气的形式，近距离地为广大职工提供法律服务。

2021年1月至9月期间，受市总工会安排，职工律师积极参加送法下县的《中华人民共和国民法典》（下文简称《民法典》）宣讲活动。李焕杰、周县鼎、龙晓雪、何盼盼、李庆誉等律师分别到鹿寨县、融水县、融安县为工会干部、职工进行《民法典》宣讲。职工律师结合与工会干部、职工息息相关的婚姻、家庭、财产、生活中可能涉及的问题进行宣讲，贴近实际，得到工会干部、职工的一致好评。

同时，职工律师积极参加《民法典》、劳动法规、刑事法规等法律宣讲活动，把法律宣讲活动推向高潮。受柳工工会、柳钢工会、区五建公司工会、五菱工会、文旅集团工会、脑科医院工会、科技大学等的邀请，覃柳芳、李焕杰、龙晓雪、李庆誉、周县鼎、万时涛、陈思佳等律师，进工会、进企业、进学校、进医院进行法律宣讲。无论是新颁布实施的《民法典》，还是劳动法规，或者是刑事法律规定，职工律师均能按照受众的需求认真细致地讲解和剖析法律规定，还通过现场提问活跃气氛，加强互动与交流，受到工会干部及职工普遍的好评和认可。

站在最高的领奖台上

覃柳芳办案能力出众，不仅获得了业界人士的认可，还得到了广大职工的认可。他们一遇到事情，就会给覃柳芳打电话，或者到办公室找她。覃柳芳也时刻从他们的角度看问题，站在他们的立场想办法，积极维护他们的利益，避免了很多恶性事件的发生。覃柳芳不仅善打官司，还经常向大家宣传法律知识，让他们认识到用法律武器维护自己利益的重要性。她明白，一个城市的长治久安，需要法治作为基础，只有人人都能通过法律解决问题，才能让社会秩序更加稳定，人民生活更加幸福。

因而，每次处理好一个案件，覃柳芳都会找一个安静的地方来梳理自己的情绪，也可以说她是在放松心情，但更多的是总结和反思案件本身，希望下一次处理类似案件能比上一次更好。当她想到那些行动不便的老人、弱小的孩子和无助的妇女们遭遇某些不公平的待遇，就想帮助他们，尽力去维护他们的利益。虽然她也知道自己不过是一个普通人，上有老下有小，有时候面对一些人的威胁，她也会感到害怕，也会感到无助。她多么希望自己跟大多数人一样，每天上班、下班、陪亲人，过着普通的生活，而不是四处帮人打抱不平，每天过着提心吊胆的生活，她也害怕自己连累到家人。

但在内心深处，覃柳芳只想把这件事做好。她经常晚上拖着一身疲惫回到家里，什么事情也不想做，有时候靠在沙发上就睡着了。丈夫看到她这么辛苦，便对她说可以把工作减一减。覃柳芳不肯，丈夫也没说什么，只是默默在背后支持她。只要有家庭支持，对她来说就足够了。无论结果怎么样，别人怎么看待，她都不在乎，她的初心从未动摇，帮助弱势群体，维护社会公平正义仿佛是她一生的使命。

覃柳芳的努力也被所有人看在眼里，2011年4月，她因为办案能力出众，荣获全国维护职工权益杰出律师的称号。消息传开后，大家都跑去给她祝福。她很开心，也很感激，她感谢同事们的支持和鼓励，自己才成长这么快。当然，她最感谢的还是自己的师傅，如果没有师傅带着，她就走不到今天。正是师傅无私地把自己毕生本领教给了她，无论是办案技术、办案思想和为人处世等技巧，都毫无保留传授给她，她才能有今天这样的成就。因此，覃柳芳一得知自己获奖的消息，便第一时间告诉了师傅。师傅也给她很多鼓励，这是她最高兴的事情。

覃柳芳荣获全国维护职工权益杰出律师称号的同时，被授予

⊙ 2011年4月，覃柳芳参加第三届全国维护职工权益杰出律师表彰会

全国五一劳动奖章，并受邀于2011年4月22日去北京参加由中华全国总工会、司法部、中华全国律师协会联合举行的第三届全国维护职工权益杰出律师表彰会。收到消息时，覃柳芳泪水夺眶而出，这是很多人梦寐以求的奖项，她竟然在获奖名单上看到了自己的名字。她不敢相信自己的眼睛，她以为自己看错了，反复看了好几次才最终确认。她从单位回到家，丈夫已做好一桌子丰盛的饭菜给她庆祝，父母一如既往地鼓励她，让她安心做自己喜欢做的、自己热爱的事情，他们永远在背后支持她。周围的人纷纷给她发来祝贺，她内心更是充满喜悦，如果因为自己获奖而能够帮助更多的人，那么对她来说就是最大的荣誉。

去北京领奖那天，覃柳芳起得很早，在厨房鼓捣半天，做好早餐，孩子吃完饭出门后，她从衣橱中找了一件自己比较满意的衣服穿上便出门了。从柳州到北京，她怀着无比激动的心情坐上去往北京的列车，当车开动的时候，往事一幕幕涌上心头。会上，覃柳芳等10名律师获得全国维护职工权益杰出律师称号，同时被全国总工会授予全国五一劳动奖章。

这是覃柳芳第一次荣获这么有分量的荣誉，此刻的她心情无比激动，同时也忐忑不安，她觉得自己的责任更重了，不知道自己将来还有没有能力做得更好。她觉得自己只是做到了社会律师应该做的工作，为社会服务是使命必然，但却得到组织如此重视和肯定，她倍感荣耀与珍惜。当她捧着那沉甸甸的奖杯时，更加感觉重任在肩，使命如磐。她在心中默默发誓，将继续坚持"人民律师为人民"的理念，进一步做好更多维权工作，为促进劳动关系和谐，为推动经济社会发展和法治建设贡献自己的一点点力量。

在办案过程中，她的一些感受愈来愈明显。我们不得不承认一个事实：经济上比较富裕的人，基本上都可以负担得起聘请律师去维护他们的合法权益。而更多的人，由于经济和文化都处于不利地位，面对社会不公平、不公正的对待时，往往难以应对，不知道该如何维护自己的权益，也不知道该如何发声。渐渐地，覃柳芳的视野里不但有农民工，而且还有更多的妇女、儿童、老人，仿佛她拿到这份荣誉，便是为了承担这样一种使命。她在心里也明白，即使没有获奖，她依然会尽己所能，利用专业知识去帮助需要帮助的人。

覃柳芳作为女人，美丽善良；作为妻子，善解人意；作为母亲，关爱孩子；作为子女，尽守孝道；作为公民，她为社会守护正义；作为律师，她不畏权势，只为良心。她曾经走过的路，每一条都那么蜿蜒曲折，有时候稍有不慎便会掉入万丈深渊，但她从未惧怕。她在心里早已认定一个信念：走过了崎岖便是坦途。正是因为有这样的信念支撑，即使再艰难的路，她也走过来了。

一路走到现在，覃柳芳打过大大小小的官司。为了自己的良心，为了守护社会正义，她不畏强权，尽自己所能帮助需要帮助的人，让他们生活得更有尊严。覃柳芳明白，仅一束光维护社会正义是微不足道的，只有千千万万束像她一样的光照亮夜空，黑暗中的人们才会走向光明。在她的影响和带动下，越来越多的人正在一起努力，共同为保障人民群众合法权益，为营造更加和谐的社会环境和美好的生活而努力。